Vom Zentralplan zur Sozialen Marktwirtschaft:
Erfahrungen der Deutschen beim Systemwechsel

Die abgedruckten Beiträge waren Grundlage der Erörterungen auf dem XXX. Symposion der Ludwig-Erhard-Stiftung am 6. November 1991 im Gewandhaus zu Leipzig.

Das Symposion und der vorliegende Band wurden von der Rudolf Siedersleben'schen Otto Wolff-Stiftung in großzügiger Weise gefördert.

Ludwig-Erhard-Stiftung

# Vom Zentralplan zur Sozialen Marktwirtschaft

## Erfahrungen der Deutschen beim Systemwechsel

Mit Beiträgen von:
Hero Brahms · Arnold Meyer-Faje · Günter Nötzold
Gerhard Prosi · Otto Schlecht · Friedrich Tenbruck

Redaktion:
Horst Friedrich Wünsche

Gustav Fischer Verlag · Stuttgart · Jena · New York · 1992

Ludwig-Erhard-Stiftung
Johanniterstraße 8, W-5300 Bonn 1

Band 30

Die Deutsche Bibliothek – CIP-Einheitsaufnahme

**Vom Zentralplan zur sozialen Marktwirtschaft:** Erfahrungen
der Deutschen beim Systemwechsel / Ludwig-Erhard-Stiftung.
Mit Beitr. von: Hero Brahms ... Red.: Horst Friedrich
Wünsche. – Stuttgart ; Jena ; New York : G. Fischer, 1992
  (Ludwig-Erhard-Stiftung Bonn; Bd. 30)
  ISBN 3-437-50347-2
NE: Brahms, Hero; Wünsche, Horst Friedrich [Red.]; Ludwig-Erhard-
  Stiftung

Gustav Fischer Verlag · Stuttgart · Jena · New York 1992
Wollgrasweg 49, D-7000 Stuttgart 70
Das Werk einschließlich aller seiner Teile ist urheberrechtlich geschützt. Jede Verwertung außerhalb der engen Grenzen des Urheberrechtsgesetzes ist ohne Zustimmung des Verlags unzulässig und strafbar. Das gilt insbesondere für Vervielfältigungen, Übersetzungen, Mikroverfilmungen und die Einspeicherung und Verarbeitung in elektronischen Systemen.
Satz: Fotosatz Froitzheim GmbH & Co KG, Bonn
Druck: Gulde-Druck GmbH, Tübingen
Printed in Germany

# Inhalt

Übergangsprobleme jenseits von Angebot und Nachfrage
*Friedrich Tenbruck* .................................... 7

Die erforderlichen Schritte aus politökonomischer Sicht
*Gerhard Prosi* ........................................ 29

Politische Entscheidungen und
wirtschaftspolitischer Handlungsbedarf
*Otto Schlecht* ........................................ 49

Sozialpolitik zur Unterstützung der Wirtschaftspolitik?
*Günter Nötzold* ...................................... 73

Leistungsfreude und Privatinitiative als
Antriebskräfte des „Aufschwungs Ost"
*Hero Brahms* ........................................ 87

Der deutsche Vereinigungsprozeß:
Zwischen Transformation und Integration
*Arnold Meyer-Faje* .................................. 103

Autorenverzeichnis .................................. 119

Personenregister .................................... 121

Sachregister ........................................ 123

# Übergangsprobleme
# jenseits von Angebot und Nachfrage

*Friedrich Tenbruck*

*„Die alte Bundesrepublik wird mit all ihrem Reichtum, Wissen und Können der Verwirklichung der Vereinigung nicht gewachsen sein, wenn sie nicht ihre eigenen Versäumnisse, Fehler und Mängel, ihre eigene Beschränktheit erkennt. Es fehlt ihr nicht an Tatkraft und Geschick, selbst nicht an gutem Willen. Aber es fehlt an Verständnis für die Aufgabe und ihre Bedeutung, sobald es über die drängenden wirtschaftlichen, rechtlichen und sozialen Fragen hinausgeht."*

Die deutsche Einheit verdanken wir dem Zusammenbruch des sowjetischen Satellitensystems, vorzüglich aber der stillen Revolution, mit der sich die Bevölkerung der DDR vom SED-Regime befreite, und schließlich der Entschiedenheit der Bundesregierung, welche die einmalige Gunst der Stunde beherzt ergriff. Deshalb wurde die deutsche Einheit am 3. Oktober 1990 nicht nur rechtlich vollzogen, sondern als gemeinsamer Sieg über das sozialistische Zwangssystem und über die uns allen 1949 aufgezwungene Teilung gefeiert. Von der damaligen Zustimmung und Hochstimmung scheint wenig genug übriggeblieben zu sein. Aus voreiligen Hoffnungen, überraschenden Schwierigkeiten und enttäuschten Erwartungen wuchsen auf beiden Seiten Zweifel, Mißmut, Unbehagen und Gleichgültigkeit. Zum ersten Jahrestag der deutschen Einheit formulierte die Frankfurter Allgemeine Zeitung die Überschrift: „Der Nationalrausch war erfunden, der Kater ist echt". Und nachdem die verhaßte Mauer von den Menschen niedergerissen war, scheint in ihren Köpfen eine neue Mauer zu wachsen, die das Land noch unerbittlicher zu teilen droht.

Warum ist die Wiedervereinigung binnen Jahresfrist ins Zwielicht geraten? Wie konnte diese Weichenstellung der Geschichte, die ihre bleibende Bedeutung behalten wird, so ins Gerede kommen? Aus welchen Gründen ist die von beiden Seiten ersehnte und begrüßte Einheit den einen gleichgültig, den anderen mühsam und den dritten zweifelhaft geworden? Wie läßt sich das erklären?

## Der Übergang zur Marktwirtschaft ist kein bloßer „Systemwechsel"

Es sind offenbar zuerst die Wirtschaftslagen, an denen sich das Unbehagen festmacht. Denn die Vereinigung war ja auf beiden Seiten von der klaren Einsicht getragen, daß die marode Zentralverwaltungswirtschaft alsbald durch die effiziente Soziale Marktwirtschaft ersetzt werden müsse, um sogleich die nötige wirtschaftliche Versorgung für die Bevölkerung der einstigen DDR und dann auch einen vergleichbaren Wohlstand zu sichern. Doch das erhoffte Wirtschaftswunder ist bislang nicht eingetreten. Nun klagt man im Osten über die offene oder durch staatliche Maßnahmen verdeckte Arbeitslosigkeit und trägt schwer an einer Unsicherheit der wirtschaftlichen Existenz, die es früher nicht gab. Im Westen klagt man über die unerwarteten Kosten, die man aufbringen muß, um die Wirtschaft im Osten auch nur über Wasser zu halten, geschweige denn schon flott zu machen. So liegt der Stoff für die wechselseitigen Vorwürfe bereit, die nach Westen auf kaltherzige Unbrüderlichkeit und selbstzufriedene Überheblichkeit lauten, nach Osten auf unberechtigte Ansprüche und mangelnde Leistung. Es hat an dieser wechselseitigen Bitterkeit auch bislang wenig geändert, daß man gut mit Gegenbeispielen aufwarten kann, die ein anderes Bild ergäben. Mißmut, Zweifel und Unbehagen sind da und halten die Teilung in neuer Weise am Leben.

So schmerzlich das ist, brauchte man sich darüber nicht weiter zu sorgen. Denn die Sanierung der Wirtschaft im Osten, die Umstellung zur Marktwirtschaft gelingt gewiß, auch wenn sie mehr Zeit braucht und höhere Kosten verlangt, als anfangs veranschlagt wurde. Ich will mich dafür nicht auf all die Indikatoren berufen, aus denen unsere Zeit so gern ihre Zukunft herauslesen möchte: auf die Entwicklung der Investitionen, auf Anzeichen für einen sektoralen Aufschwung oder höhere Beschäftigung, noch auf Meinungsbefragungen und Stimmungsbilder, noch auf Berichte der Wirtschaftsverbände oder der Treuhandanstalt, die alle das bereits Geleistete belegen und den guten Fortschritt in Aussicht stellen. Denn so nötig solche Informationen auch sein mögen, könnten sie morgen auch wieder anders ausfallen und besitzen ihre Voraussagekraft nur aufgrund von Voraussetzungen, die sie nicht erwähnen. Die wirkliche Garantie für den Erfolg einer Sozialen Marktwirtschaft im Osten liegt – den Beitrag an Willen und Können der alten Bundesrepublik vorausgesetzt – doch in der Bereitschaft der deutschen Bevölkerung im Osten, die uns an Fleiß, Arbeitsamkeit, Anstelligkeit, Gewissenhaftigkeit, Geschick und Leistungswillen nicht nachsteht. Es sind diese, von alters her zu Lebenshaltungen eingeschliffenen Arbeitstugenden, die der DDR mit Abstand den ersten Platz unter den sozialistischen Wirtschaften sicherten. Sie werden sich, sind die ersten Umstellungen vorüber, auch in der Marktwirtschaft bewähren und mit ihr entfalten. Hier, und nicht im Kaffeesatz der Indikatoren, liegt der feste Grund für unser Vertrauen in die Zukunft. Darauf sollten wir uns verlassen, statt bänglich über das ausgebliebene Wirtschaftswunder zu klagen. Die Zeit zum Wundern wird noch kommen, wenn, wie vorauszusehen ist, eines Tages der eine Sektor oder die andere Region in den östlichen Ländern an die Spitze rücken wird.

In diesem Sinne haben wir es wirklich – so schwierig die Lage zur Zeit auch sein mag – nur mit Übergangsproblemen zu tun. Und doch begehen wir einen schweren Fehler, wenn wir in der deutschen Einheit nur die Aufgabe des Übergangs zur Marktwirtschaft sehen wollen. Gewiß ist die Wirtschaft, weil sie für unsere tägliche Existenz sorgen muß, stets vordringlich gewesen und das erst recht geworden, seit wir im Daseinsvorsorgestaat leben. Aber vorrangig ist sie deshalb noch nicht und hängt selbst von außerwirtschaftlichen Größen ab. Auch die Entstehung eines Marktes und einer Marktwirtschaft ist nicht allein ein ökonomisches Problem, das durch die Übernahme eines wirtschaftlichen Prinzips gelöst werden könnte. Eine Marktwirtschaft kann nicht in beliebigen und erst recht nicht zwischen beliebigen Ländern entstehen. Wer das nicht weiß oder gerne vergessen möchte, braucht bloß in den Osten oder Südosten Europas zu schauen, um anschaulich daran erinnert zu werden, wie wenig selbstverständlich eine Marktwirtschaft ist und wie wenig das Bekenntnis zu ihr ausrichtet. Da wirken auch nicht nur die Schäden des sozialistischen Kommandosystems nach; es fehlen von alters her jene nötigen Einstellungen und Eigenschaften, die sich anderswo in langen geschichtlichen Prozessen herausgebildet hatten und auch in der DDR vom SED-Regime wohl benutzt oder übertüncht, aber nicht zerstört werden konnten. Eine Marktwirtschaft, jedenfalls die Soziale, läßt sich nicht nach einem Lehrbuch überall einrichten, weil sie auf kulturelle Voraussetzungen und kulturhistorische Vorbereitung angewiesen ist. Das wußten die Begründer der Sozialen Marktwirtschaft, *Walter Eucken, Wilhelm Röpke, Alfred Müller-Armack* und *Ludwig Erhard*, sehr wohl, auch wenn es heute gern vergessen wird. Ferner ist ein Staat mehr als ein Wirtschaftssystem, auch mehr als ein politisches System mit einer Rechtsordnung. Denn er bricht, wie alle Geschichte zeigt, auseinander, wenn seine Bürger nicht mehr zusammen leben wollen. Auch dafür liefern die Vorgänge, die seit 1989 in Europa in Gang gekommen sind, den schlagenden Beweis.

## Die Einheit Deutschlands ist eine Errungenschaft des Ostens, kein Triumph des Westens

Wir täuschen uns selbst und andere also, wenn wir in der deutschen Einheit nur die Aufgabe sehen, in der einstigen DDR die Soziale Marktwirtschaft einzuführen, so vordringlich das auch ist. Wir täuschen uns ferner, wenn wir die (wirtschaftliche, politische oder rechtliche) Aufgabe der Marktwirtschaft, der Demokratie und des Rechtsstaates bloß als einen „Systemwechsel" verstehen. Denn der Begriff „System" mag für besondere Zwecke der wissenschaftlichen Betrachtung seinen heuristischen Wert haben, wird aber ein unseliges Wort, wenn er als reale Beschreibung der Wirklichkeit mißverstanden und so noch in öffentlichen Umlauf und Gebrauch gebracht wird. Denn dann verwandelt sich die uns aufgegebene Wirklichkeit in ein Bündel von selbständigen Systemen, die, von systemfremden Tatsachen abgeschirmt, nur ihrer eigenen Logik folgen und deshalb, wie man dann wähnt, von Kennern der Systemlogik technisch gesteuert werden könnten. Damit verschwindet das Verständnis dafür, daß alle die vermeintlichen „Systeme" in Wahrheit durch systemfremde Tatsachen bedingt und deshalb nicht systemimmanent zu beherrschen sind. Umgekehrt lähmt der Systembegriff, wo er zur Herrschaft kommt, die persönliche Initiative, weil er die Vorgänge auf eine technische Ebene verlagert. Wo nur noch kurzweg in Systemen gedacht wird, wird vergessen, daß es stets um das Verhalten von Menschen in konkreten Situationen geht, das sich, wie alle Geschichte zeigt, aus angeblichen Systemzwängen nicht überzeugend erklären läßt. Gerade die Botschaft der Sozialen Marktwirtschaft, weil sie die Freiheit des Menschen in die Mitte rückt, wird unkenntlich, wenn man sie in ein System umdenkt.

Es ist denn auch ganz fatal, die deutsche Einheit auf einen „Systemwechsel" zu verkürzen. Denn damit liefern Einfalt und Hochmut das bequeme Denkmuster für die Eingemeindung der DDR, die nur unser System zu übernehmen und nachzuahmen hat. Genau dieses Denkmuster ist es, das die neue Mauer in den Köpfen und Herzen wachsen läßt. Denn dieses Muster existiert, auch wenn sich viele Gegenbeispiele aufzählen lassen. Zu beharrlich sind ja auch die Versuche, etwa die Parteien auf westlichen Vordermann zu bringen oder die Universitäten als Duplikate der westlichen Hochschulen auszustanzen. Zu oft regiert der Ton herablassender Besserwisserei; zu beschämend ist es, daß manche westliche Kollegen im Osten wie Einpauker von Begriffen auftreten, die nur das abspulen, was sie auch in Japan oder Hawaii zu sagen hätten, anstatt von dortigen Fragen und Lagen auszugehen; und zu erbärmlich ist es, wenn die Gespräche über die ehemalige Grenze hinweg nur noch um den Staatssicherheitsdienst kreisen. Hier und sonst wurden einfache Tatsachen übersehen, so daß eine unwahre Situation entsteht. Vergessen ist, daß das Volk in der DDR den ersten und wichtigsten Beitrag zur Demokratie und Marktwirtschaft schon geleistet hat, weil es aus eigener Kraft das SED-Regime gestürzt hat. Vergessen wird, daß dieses Volk, weil es freie Wirtschaft und Demokratie wollte, gegen eine neue Gängelei von oben herab empfindlich ist. Vergessen wird, daß dieses Volk alle Fähigkeiten und Bereitschaften mitbrachte, die eine Entwicklung zur Demokratie und Marktwirtschaft sichern, von der dann auch der Westen profitiert. Vergessen wird, daß dieses Volk die deutsche Einheit wollte, um zum gemeinsamen Gedeih beizutragen, aber nun zu oft erfahren muß, daß es ein hinderlicher Kostgänger und eigentlich überflüssig ist, weil die Bundesrepublik alleine aus ihrer Produktion mit leichter Hand die neue Bevölkerung versorgen könne. All diese Verletzungen des Selbstwertgefühls schaffen mehr böses Blut als die wirtschaftliche Unsicherheit, deren Ende ja kommen muß und wird. Aber dafür fehlt im Westen vielfach der Sinn, weil man die deutsche Einheit mehr als den Triumph der Bundesrepublik versteht und, wenn man vom „Systemwechsel" spricht, auch gar nicht anders verstehen kann.

Da lag die Versuchung nahe, in der deutschen Einheit nur eine großmütige Hilfe der Bundesrepublik zu sehen, die die Empfänger zum ständigen und folgsamen Dank verpflichte. Zu lange haben zu viele in der alten Bundesrepublik geglaubt, es gelte nur das böse Erbe des Sozialismus zu liquidieren, um den Verführten nun endlich in der Fibel der Marktwirtschaft und in der Bibel der Demokratie Nachhilfeunterricht zu erteilen. Zu leicht fiel es dann, in ihnen, statt gleichwertige Vollbürger des gemeinsamen Staates, nur arme Neubürger zu sehen, die auf die Bundesrepublik angewiesen, ihr aber gar nicht nötig waren. Zu schnell wurde dann oft der Stab nicht nur über das sozialistische Zwangssystem, sondern auch über die Menschen gebrochen, die darunter leben mußten. Sie gerieten dann pauschal in den Verdacht der unsicheren Kantonisten, die ihr ganzes Leben willfährig in das Stasi-System verstrickt waren. Anfangs wollte man noch diesen oder jenen Gegner des Regimes loben, zum Schluß waren sie alle nur noch verdächtig, allein die Altbürger der Bundesrepublik reinen Gewissens.

Aus dieser Umdeutung der beidseits gewollten und gefeierten Einheit in einen einseitigen Triumph der Bundesrepublik, also in die bloße Eingemeindung der DDR, ist nach und nach die neue Abgrenzung entstanden, die uns stärker zu trennen droht als einst die Mauer in Berlin und der Todesstreifen der Grenze. Bei dieser neuen Entfremdung geht es – das ist die einfachste, die unterste Schicht – erst einmal um die menschliche Anerkennung und Würdigung. Zu viele, die im Westen das Sagen hatten, wollten die neuen Mitbürger katechisieren und belehren, ohne deren Leistungen und Verdienste zu würdigen. Im Druck des Aufbaus wurde im Westen zu bald vergessen, daß eine Bevölkerung, die selber ein Regime gestürzt hat, die also nicht bloß einen Wechsel über sich ergehen ließ, ein Anrecht darauf hat, nicht bloß als Mitläufer der Geschichte deklassiert zu werden. Und im Osten gesellte sich zu dem niederdrückenden Gefühl, so gut wie überflüssig zu sein, bald ein noch niederdrückenderes Erlebnis. Man hatte sich angestrengt, man hatte unter widrigen Bedingungen etwas geleistet; man war – SED-Regime hin oder her – stolz darauf gewesen, es zu etwas gebracht zu haben; man hatte sich fachliche Qualifikationen erworben; man hatte – die Grauzone der Stasi-Macht abgerechnet – menschliche Solidarität geübt und erfahren. Man wußte das alles voneinander. Aber nun zählte nur noch, daß man die Stückkosten der Fertigung nicht kannte, daß man kein Management-Training besaß und nicht nach der Betriebsbelastung durch soziale Zusatz- und Freizeitdienste gefragt hatte. Im Lichte der rationalen Kostenrechnung waren die eigenen Anstrengungen und Leistungen nur noch Firlefanz. Das eigene Leben, das man ehrlich mit Streben geführt hatte, schien plötzlich nur verfehlt und wertlos zu sein. Aus diesem, dem empfindlichsten Punkt, hat sich eine neue Solidarisierung entwickelt. Als die Menschen, die sich schon nicht recht als Vollbürger geschätzt fanden, auch noch den Wert ihres bisherigen Lebens bezweifelt fanden, da entwickelte sich jenes trotzige Wir-Gefühl, das nun die geeinte Nation nachträglich wieder zu teilen droht.

## Die Wiederaufbauleistung nach 1948 war beispielhaft, aber sie ist dadurch noch kein Richtmaß

Das mag einseitig und übertrieben sein, muß aber gesagt werden, weil es übersehen zu werden pflegt. Denn hier liegen die ersten Ursachen, die böses Blut machen und so lange weiter machen werden, wie die deutsche Einheit als der reine Triumph der alten Bundesrepublik angesehen wird. Da fällt es einem schwer zu erkennen, daß die – wie man leider zu sagen pflegt – „neuen" Bundesländer zwar Freiheit und Wohlstand, Demokratie und Marktwirtschaft wünschen, aber doch aus eigenen Erfahrungen und Traditionen leben und deshalb nicht kurzweg in allem bloß dem westlichen Modell folgen. Doch nur das scheinen viele von ihnen zu erwarten, zu verlangen und zu dulden. Ein neuerliches Beispiel dafür findet man in den westlichen Berichten über Ostdeutschland, die neuerdings von einer tiefgreifenden Orientierungskrise sprechen. Sie ergebe sich aus dem täglichen Kampf mit neuen Behörden, Ämtern und Rechtssystemen, aus den gewachsenen Anforderungen an den einzelnen, aus dem neuen „Meinungspluralismus" samt dem Markt für religiöse und weltanschauliche Angebote. Sie werde aber bald in den normalen Zustand geregelter Konflikte übergehen, wenn erst der demokratische Grundkonsens hergestellt und rechtlich verankert sei. Auch da werden die Vorgänge flugs über den Leisten der westdeutschen Erfahrungen und Selbstverständnisse geschlagen. Es darf im Osten nicht anders sein und anders gehen als im Westen.

In einem Jahr hat die deutsche Einheit Risse und Sprünge erhalten, die sich weiter vertiefen werden, wenn wir uns nicht alle besinnen. Es kann nicht gut gehen, wenn von ihr nur ein Systemwechsel übrig bleibt, nur ein Sieg des Kapitalismus über den Sozialismus und der Demokratie über die Zwangsherrschaft, wie wir ihn auch anderswo begrüßen können. Es kann nicht gut gehen, wenn man die Einheit als Eingemeindung betreibt, bei der aus der DDR nur ein Anhängsel und Duplikat der Bundesrepublik werden soll. Es kann nicht gut gehen, wenn man den neuen Bürgern nicht das Recht läßt, anders zu sein als der Westen. Es geht nicht an, in dieser Verschiedenheit nur die trüben Nachwirkungen des SED-Regimes zu wittern, die es zu liquidieren gilt. Es gilt vielmehr, statt in westliche Selbstgerechtigkeit zu verfallen, zu begreifen, daß auch der Osten seine kulturellen Eigenheiten besitzt, die aus geschichtlichen Erfahrungen und Prägungen stammen, welche nicht erst die SED geschaffen hat und auch nicht abschaffen konnte. Wir haben mit einem kulturellen Eigensinn des Ostens nicht nur zu rechnen, wir haben ihn auch gelten zu lassen, wenn keine trotzige Solidarität entstehen soll, die sich von der Bundesrepublik abgrenzt und auch nach äußerer Anpassung langfristige Konflikte erzeugen würde. So viel zum Prinzip und nun zu den Einzelheiten.

Da bleibt zuvörderst und stets zu bedenken, was die Bevölkerung der DDR in unseren gemeinsamen Staat eingebracht hat. Denn sie hat ihn ermöglicht, weil sie in einer stillen Revolution, die ihresgleichen sucht, ein Zwangsregime gestürzt hat. Sie hat dazu eine arbeitswillige, ausgebildete, anstellige und intelligente Bevölkerung mitgebracht, die zu eigenem Urteil befähigt ist und mit Schwierigkeiten selbständig fertig zu werden weiß.

Zweitens ist zu bedenken: Unser Staat hat mit der Vereinigung Gebiete zurückerhalten, die stets wesentliche Bestandteile der deutschen Kultur und Geschichte gewesen sind. Ihre Eigenheiten sind historisch gewachsene, tief sitzende kulturelle Prägungen und Erfahrungen, ohne welche die deutsche Geschichte und Kultur nicht vollständig und selbständig sein kann. Wir haben diese Eigenheiten als Zuwachs und Bereicherung unserer kulturellen und geistigen Möglichkeiten zu begrüßen und darin den Reichtum unseres kulturellen Erbes wieder zu erkennen. Es haben nicht nur Bayern, Pfälzer und Rheinländer das Recht auf ihren Eigensinn, sondern auch Märker, Sachsen und Thüringer. Hier, wo es nicht um fremdartige Folklore geht, sondern um Prägungen und Eigenheiten, in die wir doch alle verwoben sind, kann der Drang zum kulturellen Pluralismus beweisen, daß es ihm ernst ist. Hier läßt sich wieder erfahren, daß Deutschland immer von seiner reichen kulturellen Vielfalt gelebt hat und nie ein Einheitsstaat gewesen ist. Wenn sich der Westen nicht auf die Eigenart und den Eigensinn des Ostens einlassen will, kann er im Osten nur eine Anpassung erwarten, und dann würde die deutsche Einheit noch nachträglich verspielt.

Wir müssen deshalb auf beiden Seiten die Chance ergreifen, die Entfremdung zu überwinden, die sich mit der Teilung einschlich. Dafür genügt es nicht, das Erbe des Sozialismus zu liquidieren. Es gilt vielmehr, die Spuren zu tilgen, welche die Teilung in beiden Staaten hinterlassen hat. Man verkleinert nicht Leistung und Erfolg der Bundesrepublik, wenn man daran erinnert, daß ihr dabei Hilfe zuteil wurde. Und es verkleinert auch nicht diese Hilfe, wenn man hinzufügt, daß auch die Bundesrepublik im Schatten einer Führungsmacht aufwuchs und, grundsätzlich wie die DDR, nur ein beschränkt selbständiger Staat war, der nachdrücklich und nachhaltig „umerzogen" wurde. Sie hat dabei in ihrem begrenzten Willen einen eigenen Weg eingeschlagen, aber sie würde sich untreu, wenn sie nun ihre Auffassung zum einzigen Richtmaß erklären wollte. Da niemand weiß, wie Deutschland sich ohne die Teilung entwickelt hätte, kann man das Selbstverständnis und die Lebensauffassung, wie sie sich in der Bundesrepublik entwickelten, nicht kurzweg und anmaßend als bindenden Maßstab ausgeben und einfordern.

Wir müssen gemeinsam und auf beiden Seiten die Geschichte der Teilung rekonstruieren, um wieder zu einer gemeinsamen Geschichte zu kommen, um die sich beide Staaten herumgedrückt haben. Es sind doch auf beiden Seiten Schäden eingetreten, die sich nun erst besser erkennen lassen. Es ist auch in der DDR manches geleistet und erhalten worden, das der Bundesrepublik zum

Gewinn gereichen würde. Man muß Ahnungslose daran erinnern, daß es – nicht nur in Leipzig – kulturelle Einrichtungen gibt, die hinter westdeutschen gewiß nicht zurückstehen, ja von denen wir uns doch sogar manchen heilsamen Einfluß versprechen dürfen. Es ist ja auch nicht wahr, daß die Wissenschaft in der DDR bloß politisch verseucht und ansonsten nur drittklassig war. Es gab Fächer, Orte, Institute, die an der Spitze waren, und viele, deren solide Leistungen sich nicht hinter dem oft so aufgeregten modischen Lärm einiger bundesdeutscher Fächer zu verstecken brauchten. Auch da müssen wir hoffen, daß man im Osten nicht kritiklos übernimmt, was gerade im Westen geht. Am Ende würden dadurch alle gewinnen.

Es steht auch fest, daß sich die deutsche Sprache, alles in allem, im Osten sehr viel besser erhalten hat als im Westen, wo sie nicht nur immer schneller und stärker amerikanisiert wird, sondern bereits beginnt, sich aufzulösen – so gern man davor auch die Augen verschließt. Vielleicht dürfen wir also hoffen, daß im neuen, gemeinsamen Staat, wo Ost und West miteinander sprechen muß, die deutsche Sprache noch einmal Kraft und Leben, Gehalt und Bestand gewinnt. Denn aus ihrer Sprache lebt jede Kultur, und sie stirbt mit ihr. In mancher Weise also kann der so lange abgetrennte Osten den Westen bereichern und kräftigen, statt bloß die Marktwirtschaft vergrößern.

## Die Einheit ist kulturelle Bereicherung, nicht Markterweiterung

Doch kommen wir noch einmal zurück auf die Soziale Marktwirtschaft selbst, die wohl ihre generellen Regeln hat, es aber doch jeder Kultur überläßt, welchen Lebenszuschnitt sie damit verwirklicht. Im Kampf gegen den drohenden Kollektivismus kam es den Vätern der Marktwirtschaft darauf an, die Grundsätze einer Ordnung festzulegen, die es jedermann erlaubt, ein selbständiges Leben aus eigener Entscheidung zu führen. Bei allem Anspruch auf generelle Geltung entwarfen sie ihr Bild doch im Blick auf die europäischen Kulturen, um die es damals ja auch allein ging. Für das Gelingen der Sozialen Marktwirtschaft rechneten sie, statt bloß auf die Regelung der Marktmechanismen, auf kulturelle Voraussetzungen, die sich in der europäischen Geschichte herausgebildet hatten, also nicht einfach übertragbar waren. Und den gewünschten Erfolg der Marktwirtschaft sahen sie nicht schon in der Fülle der Güter und Möglichkeiten, sondern gerade doch im rechten Gebrauch dieser Freiheiten im Sinne der Vorstellung von persönlicher Selbständigkeit, wie sie zur europäischen Tradition gehörte.

Inzwischen wird, je weiter sich die Marktwirtschaft verbreitet, auch immer deutlicher, daß verschiedene Kulturen aus ihr einen verschiedenen Daseinszuschnitt destillieren, der den einzelnen ihre prinzipielle Chance des selbständigen Lebens aus eigener Entscheidung auch höchst drastisch verkürzen kann, wie wir doch alle täglich erfahren. Da liegen heute die Fragen der Sozialen Marktwirtschaft, die dringend aufzuarbeiten wären und durch die Wiederholung ihrer generellen Regeln noch nicht aufgearbeitet werden. Es ist höchste Zeit, die Schriften ihrer Gründungsväter mit Blick auf die kulturellen Voraussetzungen zu lesen, die darin eine so wichtige Rolle spielen und heute meist vergessen werden.

Praktisch gesprochen: Muß die Soziale Marktwirtschaft auch bei uns den Generälen *Walt Disney* und *Mickey Mouse* folgen? Werden wir damit glücklich, oder mobilisieren wir damit bei uns nicht am Ende Kräfte, die sich gegen die Soziale Marktwirtschaft kehren werden? Die Durchsetzung der Regeln der Sozialen Marktwirtschaft sagt noch wenig darüber aus, welche Lebensstile und Daseinsziele damit zur Herrschaft kommen und die Freiheit des einzelnen faktisch beschneiden. Dies bleibt als Aufgabe den verschiedenen Kulturen überlassen. Deshalb gibt uns die deutsche Einheit noch einmal die Chance, herauszufinden, welchen Zuschnitt wir der Sozialen Marktwirtschaft geben wollen und können. Auch da werden wir davon gewinnen, daß die neuen Bürger unseres Staates ihren kulturellen Eigensinn einbringen.

Es hat eben auch die alte Bundesrepublik außer ihren großen Erfolgen die Schäden und Versäumnisse zu prüfen, die ihr durch die Trennung entstanden und nunmehr zu korrigieren sind. Sie begann als Notlösung und Provisorium, was sie ehrt. Sie wollte laut Präambel des Grundgesetzes nur bestehen bis zu dem Tag, an dem das ganze deutsche Volk über den gemeinsamen Staat entscheiden werde. Doch sie war gleichzeitig ein Gebilde unter Besatzungsstatut. So wollte oder konnte sie nur Demokratie und Marktwirtschaft sein und wurde da auch ein überzeugender Erfolg. Aber sie tat sich schwer, ein selbständiger Staat zu werden, weil sie über Marktwirtschaft und Demokratie nie hinauskam. Daß sie Provisorium war, wurde allmählich vergessen, das Wort Deutschland gerne gemieden, die deutsche Einheit schließlich zur lästigen Formel. Als Musterschüler der Demokratie forcierte man die politische Bildung und Aufklärung, wo von Volk, Nation und deutscher Geschichte keine Rede war, nur von Vergangenheitsbewältigung und Demokratie pur.

## Marktwirtschaft und Demokratie können keine nationale Identität schaffen

Doch Demokratie, so wichtig sie ist, erzeugt nicht das Bewußtsein, zusammenzugehören, sie kann das nicht. Denn die Demokratie ist eine regulative Fundamentalidee, ein staatsrechtliches Prinzip zur Sicherung von Freiheit, aber keine Anweisung zum Zusammenleben. Die Vorgänge seit 1989 führen uns bedrängend vor, daß eine Demokratie – wie überhaupt ein Staat – nur da entstehen und gedeihen kann, wo Menschen zusammenleben wollen, und dafür reicht das Bekenntnis zur Demokratie noch nicht. Demokratie wollen auch die Kroaten, aber nicht mit den Serben, die Basken, aber nicht mit den Spaniern, die Iren, aber nicht mit England, die Korsen, aber nicht mit Frankreich, und ob es die Slowaken mit den Tschechen wollen, bleibt abzuwarten. Sie alle wollen ihre eigene Demokratie, ihren eigenen Staat.

Das ist schon immer die Achillesferse der Demokratie gewesen, daß sie bereits ein Volk, eine Nation voraussetzen muß, die zusammenbleiben oder -kommen will. Das wissen die alten Demokratien wie England, Frankreich, die USA genau. In ihren Gründungsurkunden haben sie sich ausdrücklich als „people", als „nation", bezeichnet, weil sie, von Randgruppen abgesehen, aufgrund gemeinsamer Geschichte eine Nation waren oder werden wollten. So strikt sie auf Demokratie – und jeweils ihre Demokratie – halten, so genau wissen sie, daß man bloß von einer regulativen Idee, so teuer sie allen sein mag, nicht leben kann. Sie sorgen mit Entschiedenheit dafür, daß das eigene Selbstverständnis als Nation weitergegeben wird, und begnügen sich nicht, wie es die Bundesrepublik tat, mit einer enthistorisierten politischen Bildung der puren Demokratie, die keine Nation sein will. Wer aus der Demokratie einen Fetisch macht und glaubt, darin ein Allheilmittel zu besitzen, der sieht an der Wirklichkeit vorbei und wird es früher oder später spüren. Das Selbstbestimmungsrecht der Völker hat stets und unvermeidlich zur Tradition der Demokratie gehört, und wer das nicht mehr wahrhaben will, der erweist ihr keinen Dienst. Die Vorgänge von 1989 waren eben nicht nur der Aufstand für Demokratie und Marktwirtschaft; sie waren auch der Ruf der Völker nach Selbstbestimmung aufgrund ihrer geschichtlichen Prägungen und Zusammengehörigkeiten.

Wir brauchen in Deutschland keinen Nationalrausch, wie ihn die sonst so liebenswerten Amerikaner von heute auf morgen, selbst bei den Olympischen Spielen, entwickeln können, weil ihnen stets gilt: „America first". Und die Frankfurter Allgemeine Zeitung, die so entschieden über und für die deutsche Vereinigung berichtet hatte, sang ein falsches Lied, als sie am Jahrestag schrieb: „Der Nationalrausch war erfunden, der Kater ist echt". Die Begeisterung am 3. Oktober 1990 war kein Rausch und war nicht erfunden; sie wuchs aus dem Wissen, daß etwas Wichtiges geschehe, nun etwas Neues beginnen könne und solle, aus dem akuten Erlebnis, daß die Teilung aufgezwungen wurde, aus der Erinnerung an eine gemeinsame Geschichte. Aber da war schon etwas schief gelaufen. Als man in der DDR rief: „Wir sind ein Volk", hörten das viele in der Bundesrepublik ungern, und fast niemand antwortete. *Willy Brandt* sprach das treffende Wort: „Jetzt wächst zusammen, was zusammen gehört"; der Bundeskanzler fand gute Worte.

Vielleicht hätte das bei anderen Nationen genügt, obschon keine in ähnlicher Lage sich damit begnügt hätte. Aber in Deutschland genügte es nach so langer Trennung nicht für ein Volk, das erst wieder zusammenwachsen wollte und mußte. Da galt es, den Menschen ihre eigene Bewegung zu erläutern, zu erklären, warum wir zusammen gehören und was es für uns bedeutet, wieder zusammen zu sein. Aber wie sollten Politiker das erklären, nachdem sie sich selbst ganz auf Demokratie und Marktwirtschaft zurückgezogen hatten? Was konnten sie sagen, nachdem sie selbst die politische Sprache und Bildung Lehrplänen und Intellektuellen überlassen hatten, die nur „Gesellschaft" kennen und von deutscher Geschichte nichts anderes wissen und hören wollen als „Vergangenheitsbewältigung"? Der „Kater", von dem der Schreiber in der Frankfurter Allgemeinen Zeitung sein garstig Lied sang, war kein Beweis, daß die bewegte Freude über die deutsche Einheit erfunden war; er bewies nur, daß Politiker und Intellektuelle nicht vermocht, nicht versucht oder auch nicht gewollt hatten, der Bevölkerung den Vorgang in seinem Recht und in seiner Bedeutung zu erklären.

Im Ausland schüttelt man bedenklich den Kopf über die deutschen Intellektuellen, die partout keine Deutschen und keine Nation sein wollen, wie das überall selbstverständlich ist. *Helmut*

*Schmidt* hat am 3. Oktober 1991 im Zweiten Deutschen Fernsehen noch einmal gesagt: „Die deutschen Intellektuellen, die zum Teil ihr eigenes Volk nicht lieben können und nicht leiden mögen, irren sich, wenn sie glauben, weil sie selbst auf die Nation verzichten können, sollten auch die übrigen achtundneunzig Prozent des deutschen Volkes darauf verzichten. Es gibt kein Volk in Europa, außer den deutschen Intellektuellen, das bereit wäre, auf seine Nation zu verzichten." Daß dies so ist, das ist auch eine Folge der deutschen Teilung und nicht zuletzt des Versuchs der Bundesrepublik, sich als Musterschüler zur puren Demokratie ohne historische Schlacken zu reinigen.

Als deutlich wurde, daß das auf die Dauer nicht genügt, erfand man den „Verfassungspatriotismus", der doch auch nur eine Bürgertugend sein kann, die nur die bindet, die zusammengehören wollen, und zwar nur solange, wie sie es wollen. So versuchte man, die Selbstverständlichkeit der Nation durch das Bekenntnis zu Europa und dann gleich zur multikulturellen Gesellschaft zu lösen, wird aber so die Lücke nicht schließen. Dazu vorweg der Hinweis, daß die Achtung vor fremden Kulturen und das Verständnis für sie gerade in Deutschland eine lange und lebendige Tradition besaß. Richtig bleibt aber, daß fremde Kulturen am Ende nur der würdigen kann, der seine eigene Kultur kennt und bewahrt. Das Recht der anderen auf ihre Kultur fällt mit der Pflicht zur Erhaltung der eigenen Kultur zusammen. Denn andernfalls endet die Begeisterung für die multikulturelle Gesellschaft stets damit, daß man von einer fremden Kultur (und Sprache), die sich durchsetzt, überfahren wird. So ist es in der Geschichte immer gewesen, und so wird es auch weiter sein. Insofern kann man sich die erregte Debatte, ob die Nation ein Wert sei oder nicht, wie sie jetzt in Deutschland läuft, sparen. Wollen die Deutschen jetzt keine Nation mehr sein, so werden ihre Kinder und Enkel, ehe sie sich's versehen, zu einer anderen Nation gehören. Auch im vereinigten Europa werden sich, wie es immer in der Geschichte war, am Ende einige Sprachen durchsetzen und andere aussterben.

## Deutschlands neue Rolle in der Welt

Schließlich steht nun die Frage, was die deutsche Einigung war und bedeutet, noch in einem besonderen Zusammenhang. Denn mit der Vereinigung ist Deutschland wieder erstanden. Dem neuen Staat fallen Aufgaben zu, welche die Bundesrepublik nicht kennen konnte, durfte und wollte. Denn sie war wie die Deutsche Demokratische Republik Frontglacis eines durch die Weltmächte geteilten Europas. Nun liegt Deutschland, wenn auch verkleinert, wieder in der alten Mitte Europas, wo es entstanden war und leben mußte. Mit der deutschen Einigung endet die Teilung Europas, dessen Schwerpunkte sich wieder zur Mitte hin verschieben. Damit verändern sich auch die Aufgaben der Einigung Europas, wie sie bislang von der westlichen Europäischen Gemeinschaft unter sich und für sich konzipiert worden waren. Mit der Einigung sind Deutschland auch Lagen und Aufgaben zugewachsen, die den beiden Teilstaaten völlig fremd waren. Wir haben diese Situation, wie sie uns die Geschichte stets auferlegt hatte, wieder anzunehmen, um unseren Beitrag zur Gestaltung Europas leisten zu können. Aber das wird nicht gelingen, solange wir die deutsche Einigung nur als Vergrößerung der Bundesrepublik durch Eingemeindung der Deutschen Demokratischen Republik betrachten und die Bundesrepublik unverändert und unselbständig bloß wie ein Anhängsel des Westens erhalten wollen. Die Parole „keine Alleingänge" verlöre ihren Sinn, wenn sie nur Deutschland bindet und bloß auf eilfertige Verbeugung gen Westen hinausläuft. Die neue Lage verlangt dem neuen Staat eine neue Qualität ab, die mit den alten Gewohnheiten nicht zu erreichen ist. Was immer die alte Bundesrepublik in den gemeinsamen Staat einbringen konnte und sollte: sie muß, anstatt sich verewigen zu wollen, im gemeinsamen Staat aufgehen. In diesem Sinne verlangt die deutsche Einigung, wenn sie Erfolg haben soll, das Ende der Bundesrepublik so gut wie das Ende der Deutschen Demokratischen Republik. Nur wenn die Teile zusammenwachsen, kann Deutschland seine Verantwortung in der Mitte Europas wahrnehmen.

Die alte Bundesrepublik wird mit all ihrem Reichtum, Wissen und Können der Verwirklichung der Vereinigung nicht gewachsen sein, wenn sie nicht ihre eigenen Versäumnisse, Fehler und Mängel, ihre eigene Beschränktheit erkennt. Es fehlt ihr nicht an Tatkraft und Geschick, selbst nicht an gutem Willen. Aber es fehlt an Verständnis für die Aufgabe und ihre Bedeutung, sobald es über die drängenden wirtschaftlichen, rechtlichen und sozialen Fragen hinausgeht. Denn da waltet oft und gerne noch eine Selbstgefälligkeit, in der sich Gewohnheit, Behaglichkeit, Provinzialismus und Eigeninteresse zu dem Hochmut oder Bekenntnis des westlichen Musterschülers verbinden. Daß Deutschland mit der Vereinigung wieder nach Osten rückt, daß Europa nicht mehr an Oder und Neiße endet, daß wir nun wieder in die östlichen Gemengelagen hineingestellt sind, das weiß man im Osten wohl besser als in der Bundesrepublik. Von Bonn aus gesehen, bleiben das ferne Welten. Eine Politik, wie sie die neue Lage verlangt, wird Deutschland nur treiben können, wenn sie in den entscheidenden Punkten vom ganzen Volk getragen wird, und das verlangt, daß man sich der Zusammengehörigkeit aufgrund gemeinsamer Lage, Prägung, Überlieferung und Verbindung wieder bewußt wird. Es verlangt deshalb die Aufarbeitung der gemeinsamen Geschichte, die nicht nur in der Deutschen Demokratischen Republik durch Klischees verstellt wurde. Dazu reichen auch die Abziehbilder nicht aus, die von Politikern und Intellektuellen der Bundesrepublik so gern vorgeführt und ausgesponnen wurden. Die Bundesrepublik darf auf ihre Leistungen und Erfolge stolz sein, doch sie darf nicht in der Selbstgefälligkeit verharren, man könnte auf der Erfolgsschiene einfach fortfahren. Aus der deutschen Einigung kann nichts werden, solange die Bundesrepublik nicht bereit ist, in Deutschland aufzugehen.

Hier liegen die dringenden Aufgaben für Historiker, Journalisten und Bürger, für die Institutionen der Bildung und Wissenschaft. Es bedarf der Prüfung von eingeübten Geschichtsbildern, die die deutsche Geschichte nur als Weg zum Hitlerreich kennen, es bedarf der Revision des Glaubens, alle Geschichte sei nur Gesellschaftsgeschichte. Es bedarf auch und gerade bei uns der Wiederentdeckung der Rolle, die geschichtliche Gebilde wie Völker und Nationen immer in der Geschichte gespielt haben und in allem Wandel auch weiterhin spielen werden.

Hier wäre ein Feld für die Stiftungen, Gesellschaften und Organe der Wissenschaft. Und hier wäre vor allem eine vordringliche Aufgabe für die Politiker und Kultusminister. Denn es wird nicht damit getan sein, die politische Zwangsindoktrination im Marxismus-Leninismus abzuschaffen. Es bedarf auch einer Revision der politischen Bildung, mit der Generationen in der Bundesrepublik mangels geschichtlichem Wissen und Verständnis in dem Glauben aufwuchsen, daß es keine deutsche Geschichte mehr geben könne und dürfe.

Die beiden deutschen Staaten sind wieder vereint, aber sie sind noch nicht zusammengewachsen und können auch nicht zusammenwachsen, solange man darin nur eine Systemtransformation sieht. Doch was immer bislang verfehlt oder versäumt wurde: Die Bereitschaften sind, wie verschieden auch verteilt, in West und Ost noch vorhanden. Aber sie können nicht zum Zuge kommen, weil es noch keine gemeinsame Meinungsbildung gibt. Die neuen Abgrenzungen können deshalb so leicht anwachsen, weil man in Ost und West mehr übereinander als miteinander spricht. So ist etwa die Presse noch immer geteilt, weil der Bürger im Westen wie bisher seine Zeitungen liest, die im Osten auch dann kaum gelesen werden, wenn sie kostenlos verteilt werden. Und der Osten hält sich an seine Zeitungen, die man im Westen kaum zu Gesicht bekommt. Auf eine gemeinsame Presse werden wir wohl auch warten müssen, bis wir eine wirklich gemeinsame Hauptstadt haben. Im Osten können die Menschen sich wieder über politische Differenzen hinweg verstehen, weil sie einen gemeinsamen Ton finden, der ihnen im Westen fehlt. So klagen sie untereinander über ihre Lage, ohne sich im Westen zu Gehör zu bringen.

Vergeblich habe ich mehrfach Kollegen gebeten, ihre Lage und ihre Beschwerden doch einmal in einer der wichtigen Zeitungen der Bundesrepublik in einem Artikel oder auch nur in Leserbriefen zu Gehör zu bringen. Aber davor scheut man sich, weil man den Ton, die Schreibart und Spielregeln des Westens nicht schätzt, nicht versteht und nicht beherrscht. Und wie in der Presse, so geht es auch in der Politik, in den Parteien, in Hochschulgremien und bei sonstigen Treffen oder Gelegenheiten. Im Osten spricht man untereinander und hat keine Stimme im Westen. Es scheint mir deshalb fast die dringlichste Aufgabe zu sein, daß man im Osten den Willen und Mut faßt, die eigene Meinung überlegt so zu formulieren, zu vertreten und zu Gehör zu bringen, daß sie auch im Westen bekannt und verstanden wird. Und so müßte auch der Westen, statt nur mit sich zu sprechen, sich wieder auf ein Gespräch mit dem Osten einlassen. Nur wenn das in der Presse, in den Parteien, in Gremien, auf Treffen und bei Begegnungen gelingt, wird es nicht zur neuen Mauer kommen. In dieser Hoffnung und mit diesem Vorsatz wollen wir alle wieder an unsere Arbeit gehen. □

# Die erforderlichen Schritte aus politökonomischer Sicht

*Gerhard Prosi*

---

*In den neuen Bundesländern geht es nicht bloß um den Übergang von der Zentralverwaltungswirtschaft zur Marktwirtschaft, sondern um die Sanierung einer völlig heruntergewirtschafteten und ausgeplünderten sozialistischen Volkswirtschaft. Die Probleme, die gelöst werden müssen, weisen weit über das Ökonomische hinaus und zwingen zu grundsätzlicher Besinnung beispielsweise über die Aufgabenverteilung zwischen Markt und Staat, über den Sinn der Tarifautonomie und über die Methoden der Privatisierung.*

---

In der Diskussion über die „Transformation" des realen Sozialismus zur Sozialen Marktwirtschaft wird heute meist nur der Prozeß der Privatisierung früherer sozialistischer Betriebe betrachtet, der schleppende Fortgang beklagt, der Wirtschaftswissenschaft ein Mangel an Theorie für die Politikanleitung vorgeworfen und über unvorhergesehene Anpassungsprobleme geklagt.

Aber wer die Arbeiten der frühen Ordoliberalen – hier seien nur *Franz Böhm* und *Walter Eucken* genannt – auch nur angelesen hat, weiß, daß es um die Transformation des gesamten Gesellschaftssystems und nicht nur der Wirtschaftsordnung geht, daß es die Interdependenz der Ordnungen gibt, daß die Wirtschaftsordnung ganz entscheidend von der Rechts- und Staatsordnung und nicht zuletzt auch von der Werteordnung geprägt wird. Dabei dürfen die Teilordnungen nicht nur auf dem Papier stehen, sondern müssen „real existieren", auch in Form einer funktionsfähigen Verwaltung und Rechtsprechung. Die Vertreter der Freiburger Schule haben gewußt, daß Transformationsprozesse Zeit beanspruchen, und *Ludwig Erhard* hat in der Praxis gezeigt, wie es geht, wie schwierig es ist und wie lange es dauert, auch wenn die Voraussetzungen in der Eigentumszurechnung und beim Anspruchsdenken der Bevölkerung günstig sind. Nur die mathematischen Theoretiker herrschender Schulen, die in Punktmärkten einen Homunculus oeconomicus mit vollkommener Information in statische Optima treiben, haben mit den Problemen auch das längst vorhandene Wissen verdrängt.

Eine weitere Fehleinschätzung ist die Annahme, es gehe nur einfach um die Transformation einer Zentralplanwirtschaft in eine Marktwirtschaft. Das Problem ist die Transformation einer völlig heruntergewirtschafteten und ausgeplünderten sozialistischen Volkswirtschaft in eine florierende, gesunde Marktwirtschaft. Es gäbe kaum Probleme mit der Privatisierung, der Beschäftigung etc., wenn es sich um eine gesunde Volkswirtschaft mit Betrieben handelte, die auf dem neuesten Stand der Technik mit einer den Löhnen entsprechenden Arbeitsproduktivität international wettbewerbsfähige Produkte herstellten. Gleiches gilt für die Infrastruktur, das Wohnungswesen, die Umwelt: Die Schwierigkeiten entstehen aus dem katastrophalen Zustand, der Zerstörung in der Vergangenheit. Nicht die Transformation an sich ist das Problem, sondern die Reparatur der Folgen des sozialistischen Raubbaus. Auch in den alten Ländern ist es leicht, ein produktives, rentables Unternehmen mit einem guten Produkt zu verkaufen, aber unmöglich, für Altlasten und Schulden einen Käufer zu finden und auch noch einen hohen Preis zu erzielen.

## Wirtschaftliche Transformation als Entwicklungspolitik

Der Übergang von einer ruinierten Zentralverwaltungswirtschaft zu einer leistungsfähigen Marktwirtschaft ist eine Frage der wirtschaftlichen Entwicklung. So wie Westeuropa in den sechziger und siebziger Jahren eine Entwicklungslücke – hauptsächlich technologisch bedingt – gegenüber den USA schließen mußte, sind jetzt leider viel größere Lücken zwischen den sozialismusgeschädigten Ländern und Westeuropa zu schließen. Hierfür müssen die wesentlichen Entwicklungsengpässe wegen der Interdependenz der Ordnungen möglichst gleichzeitig beseitigt werden.

Der offensichtlichste wirtschaftliche Engpaß ist die Versorgung mit „Kapital". Überall, wo sozialistischer Doktrin folgend das Privateigentum an den sachlichen Produktionsmitteln geächtet wurde, herrscht heute extremer Kapitalmangel in der Infrastruktur, bei den Produktionsanlagen und in der Wohnungsversorgung. Auch die Ausstattung mit „Humankapital", mit modernsten Kenntnissen und Fähigkeiten in Wirtschaft, Wissenschaft, Staat und Verwaltung weist erhebliche Defizite auf. Wenn gelegentlich behauptet wird, daß die Mängel kurzfristig durch immer höhere Transfers an Finanzkapital und durch höhere Zuschüsse des Bundes behoben werden könnten, dann muß an die Interdependenz der Ordnungen erinnert werden: Die Absorbtionsfähigkeit ist durch die Rechtsordnung und die Verwaltung begrenzt, durch institutionelle Faktoren und durch den Mangel an für die Marktwirtschaft spezifischem Humankapital in Wirtschaft, Rechtssystem und Verwaltung.

Um die Wohlstandslücken zwischen West und Ost, aber auch zwischen Nord und Süd langfristig zu schließen, ist eine defizitfinanzierte staatliche Umverteilung ungeeignet. Nur erhöhte Realkapitalbildung kann die Produktivitätslücken schließen. Die Sparquoten müssen erhöht und Anreize geschaffen werden, die privaten Ersparnisse in Unternehmen anzulegen statt in festverzinslichen Staatspapieren zur Finanzierung der Budgetdefizite und der Umverteilung in den Konsum. Das private Sparen darf nicht durch staatliches Entsparen, durch neosozialistischen Substanzverzehr kompensiert werden, wenn die Produktivitätslücken geschlossen werden sollen.

Um in den neuen Bundesländern eine ähnliche Kapitalausstattung wie in der alten Bundesrepublik zu erreichen, berechnete das Institut für Weltwirtschaft in Kiel einen Wert von insgesamt ca. 2 700 Milliarden DM[1]. Der Nachholbedarf hängt davon ab, wie hoch man den vorhandenen Bestand bewertet und wie hoch z.B. die Umweltinvestitionen zur Eingrenzung von Altschäden werden. Wahrscheinlich erzwingen die Altlasten höhere Investitionen, als noch an Substanzrest vorhanden ist. Der Neubeginn auf der grünen Wiese ist oft billiger und einfacher als die Modernisierung von Schrott.

Diese enorme Summe kann weder in kurzer Zeit aufgebracht, noch kann sie in kurzer Zeit investiert und in Realkapital umgewandelt werden. Aber es bedarf einer Schocktherapie mit einer hohen Dosis von Privatkapital, um die postsozialistischen Wirtschaf-

---

1 Siehe: *Horst Siebert*, Lang- und kurzfristige Perspektiven der deutschen Integration, in: Die Weltwirtschaft, 1990, Heft 1, Seite 52.

ten aus ihrem Koma zu erwecken. Das ist übrigens kein „Ausverkauf", sondern eine Zuweisung von Ressourcen zur Steigerung der Produktivität.

## Ohne Eigenleistung kein Aufschwung

Die Politiker haben viel zu sehr den Eindruck vermittelt, die „reiche Bundestante in Bonn" könne alle Rechnungen bezahlen. Sie hat jedoch längst die Grenzen der Verschuldung erreicht. Man kann geradezu vom Als-ob-Sozialismus sprechen: Andere sollen mit ihrer Leistung und ihrem Vermögen die Kollektivtöpfe füllen, damit man weiter hohe Subventionen verteilen kann – der Substanzverzehr geht weiter. Für einen schnellen Aufschwung müssen die Menschen in den Sanierungsländern alles ihnen mögliche selbst tun, um die Hilfe von außen wirksam werden zu lassen. Werden die zuströmenden Mittel konsumiert, ist die Hilfe aussichtslos. Das gilt für alle Länder mit Entwicklungsrückstand und Investitionsdefiziten. Nicht „Opfer anderer" sind gefragt, sondern Zupacken und Leistung. Das Prinzip „Jeder nach seinen Fähigkeiten" wird den Aufschwung fördern, das Prinzip „Jedem nach der Lautstärke seiner Forderungen" verhindert Fortschritte.

Weil der Staat die Grenzen seiner Belastbarkeit überschritten hat, muß jetzt die Entstaatlichung, die Privatisierung, gezielt vorangetrieben werden. Wenn gegen die sozialistische Schwindsucht nur Kapitalzufuhr hilft, sind auch die kleineren Vermögen der Bürger zu mobilisieren. Dafür ist die Rechtsordnung für das Privateigentum de facto durchzusetzen, und die Eigentumsrechte sind gegen neosozialistische Ausbeutungsversuche zu schützen. Ehe es in größerem Umfang zu Investitionen kommen kann, muß das vom Sozialismus hinterlassene Faß einen Boden erhalten, auf dessen Grundlage die Menschen in Ostdeutschland selbst wieder in die Zukunft investieren und privat Kapital, d. h. Privateigentum bilden, statt weiterhin die volkswirtschaftliche Substanz aufzuzehren. Darauf läuft es hinaus, wenn die Treuhandanstalt Erlöse aus Privatisierungen zur Subvention von Beschäftigungsverhältnissen mit „Nullarbeit" in unrentablen Unternehmen einsetzt und ein großer Teil des Finanztransfers für Konsum statt für Investitionen verwendet wird.

## Investitionshindernisse beseitigen

Privates Finanzkapital ist außerordentlich mobil, weil den Investoren zahlreiche Alternativen der Verwendung ihrer Mittel offenstehen. Jeder Standort und jede Verwendung konkurrieren mit allen anderen. Finanzkapital kann man deshalb weder durch Verträge noch durch Gesetze, die die zukünftigen Investoren oder Eigentümer der noch zu privatisierenden Unternehmen belasten würden, fesseln oder im voraus „ausbeuten". Das gilt auch für Tarifverträge, die die Arbeitskosten in die Höhe treiben. Solche Belastungen werden in den Investitionsentscheidungen berücksichtigt und verursachen Zurückhaltung. Das Volkseigentum an abgewirtschafteten und überschuldeten Betrieben bleibt eine Volksverschuldung.

Über die Eigentumsproblematik wurde so viel gesagt, daß ein kurzer Hinweis in diesem Zusammenhang genügen möge. Zwar ist Finanzkapital sehr mobil; sobald es jedoch in Sachkapital investiert wird, sinkt die Mobilität – es entstehen „Immobilien". Mit sinkender Mobilität steigt aber das „Ausbeutungsrisiko". Wer durch Investition auf Mobilität verzichtet, erwartet wenigstens Sicherheit der Eigentumsrechte. Zu den allgemeinen Risiken des Wirtschaftens, der wirtschaftlichen Entwicklung, der Märkte usw., dürfen keine unkalkulierbaren Risiken der Rechtsordnung treten.

Gerade bei vielen Immobilien besteht eine besondere Unsicherheit der Eigentumsverhältnisse. Wenn die Käufer nicht wissen, ob die Verkäufer überhaupt verfügungsberechtigt sind oder ob aus rechtswidrigen Enteignungen Ansprüche Dritter bestehen, ist ein Engagement nicht zu erwarten, es sei denn zu Spekulationspreisen, die weit unter dem Marktwert liegen müssen, um das Eigentumsrechtsrisiko abzufangen. Die Situation in den staatlichen Verwaltungen aller Ebenen läßt eine schnelle Klärung der Eigentumsverhältnisse auf dem Rechtswege kaum erwarten. Dennoch müssen schnell Lösungen der Eigentumsprobleme gefunden werden, weil jede Investition Immobilien als Standort für Arbeitsplätze, Wohnungen etc. voraussetzt. Rechtssicherheit ist für die Erwerber von Immobilien und Nutzungsrechten daran unabdingbar. Solche Rechtssicherheit läßt sich auch durch langfristige Pachtverträge schaffen, die zukünftige und frühere Eigentümer binden, sofern die Verträge selbst nicht rechts- oder sittenwidrig sind.

Manchmal hat man den Eindruck, daß der sozialistische Glaubenssatz „Eigentum ist Diebstahl" von einigen Leuten, die Gelegenheit dazu haben, so ernst genommen wird, daß sie sich schamlos auch durch Diebstahl bereichern. Auch Steuer-, Abgaben- und Subventionsbetrug gehören dazu.

Aus dem Geflecht von Beziehungen zwischen den Kadern, die sich gegenseitig fördern, entstand eine schwerwiegende Insiderproblematik: Der Erfolg der alten Nomenklaturen im neuen System wird von den anderen als Zeichen der Korruption gewertet und zerstört deren Motivation. Daraus entsteht eine Entwicklungsbremse. Die Insidergeschäfte wirken als Investitionshindernisse, auch weil sie Marktzutrittschancen für Außenseiter aufbauen. Wenn das für die Soziale Marktwirtschaft fundamentale Institut des Privateigentums nicht in Verruf kommen soll, muß die Justiz jetzt dafür sorgen, daß solche „Gelegenheitsdiebe" zur Rechenschaft gezogen werden. Die schnelle Bewältigung dieser ideologischen Altlasten wird darüber entscheiden, wie die Altlasten aus dem wirtschaftlichen Ruin abgetragen werden können.

## Privatisierung mit neuen Methoden

Für den Erfolg der Privatisierung sind Wege zu suchen, die mehr auf eine breite interne Kapitalbildung als auf den Kapitalimport abstellen. Die Bundesrepublik Deutschland könnte mit der Absicherung durch den „Familienverbund" zum politischen Innovator werden, um den Zugang zu den Kapitalmärkten für zu privatisierende Unternehmen zu öffnen, um die Kapitalmärkte für neue Gruppen von Investoren zu erschließen und zur Kapital- und Vermögensbildung in den jeweiligen Ländern beizutragen. Die Beseitigung des Engpasses Kapital erfordert die Öffnung der Kapitalmärkte durch Einführung neuer Finanzierungsinstrumente[2].

Neben den in der Bundesrepublik üblichen Aktien mit einem bestimmten Nennwert sind z.B. nennwertlose Aktien möglich. Für einen festen Anteil am Unternehmen müssen weder besondere Eigenkapitalerfordernisse erfüllt sein, noch ist eine Ex-ante-Unternehmensbewertung nötig. Der Kurs bildet sich aus den Erwartungen der Käufer über zukünftige Gewinne und ihrer Einschätzung über die Substanz des Unternehmens. Mangelnde Information wird mit einem Risikoabschlag im Kurs ausgeglichen. Es kommt zum Wettbewerb als Entdeckungsverfahren an den Wertpapierbörsen.

Eine nennwertlose „Aktie mit Nulldividende" könnte die Kapitalbildung im Unternehmen fördern. Die Verzinsung entsteht aus dem den Kurs bestimmenden erwarteten Substanzzuwachs, deshalb kurz „Substanzaktie". Die Grundkonstruktion entspricht der Nullkuponanleihe. Der Dividendenausschluß könnte zeitlich (z.B. für zehn Jahre) oder sachlich begrenzt werden. Auch „Risiko- oder Junk-Aktien" könnten angeboten werden: hohes Risiko bei gerin-

---

2 Siehe ausführlicher: *Gerhard Prosi,* Privatisierung und Finanzierung benötigen neue Methoden, in: Orientierungen zur Wirtschafts- und Gesellschaftspolitik, Heft 47, März 1991.

gem Kurs mit hohem Kursgewinnpotential. Um Märkte für solche Papiere zu ermöglichen und damit den Wettbewerb als Entdeckungsverfahren zur Ermittlung des Wertes der zu privatisierenden Unternehmen einzuführen, bedarf es nur einer genauen Kennzeichnung der Wertpapiere für den Anleger. Dann ist es den Investoren überlassen, ihre richtige Risikomischung zu finden.

Ein weiterer Weg für die Kapitalbeschaffung sind Industrieanleihen. Wenn die Eigenkapitalbasis gestärkt werden soll und direkte Kapitalerhöhungen nicht möglich sind, könnten Wandelobligationen als Brücke in die Zukunft genutzt werden. Mit etwas Phantasie ist auch eine „Nullkupon-Wandelobligation" vorstellbar, die wegen des geringeren Kaufpreises das Risiko für die Anleger senkt. Die verschiedenen Beteiligungsmöglichkeiten am Produktivkapital mit den unterschiedlichen Risiken erlauben eine individuelle Portfoliogestaltung und auch die Organisation von Investmentfonds unterschiedlicher Ausrichtungen, z. B. einen „Substanzfonds", der spekulativ auf Substanzaktien aufbaut und durch entsprechende Anlagestreuung und professionelles Management, einschließlich Kontrolle der Geschäftsführung in den Unternehmen, das Risiko für den einzelnen Anleger begrenzt, oder einen „Venture Capital Fonds" für privatisierbares Volkseigentum. Solche Anlagen könnten zur Vermögensbildung steuerbegünstigt werden.

Die Privatisierung der Unternehmen umfaßt die Privatisierung der Risiken über die Kapitalmärkte. Durch freiwilligen Wertpapierkauf kommt es eher zu einer rationalen Risikoallokation, als wenn durch Subventionen und höhere Schulden des Staates eine zwangsweise Überwälzung der Risiken auf den Steuerzahler stattfindet. Bei Privatisierung des Risikos würde die Zahl der Fehlschläge geringer als bei Subventionen oder staatlichen Garantien, weil die risikobewußten Eigentümer für kompetentes Management sorgen werden.

Die Sanierung der Altlasten des Sozialismus erfordert weltweit neue Wege der Kapitalbildung und der privaten Anlage in Produktivkapital.

Solche Innovationen in Deutschland zu testen, könnte den Ländern mit noch größeren Problemen helfen, die Selbstheilungskräfte der Marktwirtschaft und die Produktivität der Freiheit zu wecken und zu erhalten. Ob die politische Innovationsfähigkeit in der Bundesrepublik vorhanden ist, um solche neuen Wege zu öffnen, ist allerdings eher zweifelhaft.

## Entbürokratisierung in ganz Deutschland

Aber auch wenn die Kapitalbildung kurzfristig in dem nötigen Umfang stattfinden würde, sind die Grenzen der Absorbtionsfähigkeit nicht beseitigt. Hier ist insbesondere der Engpaß „Verwaltung" zu nennen.

Der hypertrophe Verwaltungsapparat der DDR war auf ein autoritär-diktatorisches System ausgerichtet, das obendrein durch den Einpartei-Feudalismus weitgehend korrupt war. Die zentralistisch-hierarchische Ordnung hat die Entscheidungs- und Verantwortungsfreude der Menschen verkümmern lassen. Für ein dezentrales föderales System mit kommunaler Selbstverwaltung ist dieser Bürokratietypus völlig ungeeignet, weil Entscheidungen vor Ort auf der Grundlage des rechtmäßigen Ermessensgebrauchs getroffen werden müssen. Das für die Verwaltung in einem demokratischen Bundesstaat notwendige spezifische Humankapital war und ist auch heute noch sehr knapp. Verwaltung wird so zum Engpaß, zur Bremse für die wirtschaftliche Entwicklung.

In den alten Ländern gibt es schon seit Jahren eine heftige Diskussion um Entbürokratisierung, Verwaltungsvereinfachung und Deregulierung, weil die Verwaltung durch zunehmende „Verrechtlichung", durch immer längere Genehmigungsverfahren, durch zunehmende Einsprüche und auch durch Fehlentscheidungen, die vor den Gerichten keinen Bestand hatten, immer mehr zur Investitionsbremse wurde. Aus dem Rechtsstaat ist ein Rechtsmittelstaat geworden. Die systematische Verknöcherung, die „Ossifikation"[3] des Westens, hat schon vor Jahren stattgefunden. Die Auswüchse des bürokratischen Perfektionismus auf die neuen Länder zu übertragen, bedeutet eine unnötige Verzögerung des Aufholprozesses.

Je höher der Grad der Verrechtlichung ist, desto enger wird der Engpaß Verwaltung, desto wichtiger wird es, Verwaltungsvereinfachung und Deregulierung voranzutreiben. Ob eine Verwaltung versagt, hängt auch davon ab, was man von ihr verlangt. Wenn man weiß, daß sie in den neuen Ländern noch nicht voll funktionsfähig ist, darf man ihr keine größeren Lasten aufladen als in den alten Ländern – man denke an die Grundbücher und die Eigentumsübertragungen. Man sollte im Gegenteil diese Chance auch für die alten Länder nutzen, endlich mit der Entbürokratisierung ernst zu machen. Auch in öffentlichen Verwaltungen gibt es zahlreiche Möglichkeiten der Privatisierung – von der Abwasserreinigung bis zum Zentralen Omnibusbahnhof, von den vielen Angeboten kommunaler Wohltaten ganz zu schweigen.

Es sei hier auf eine seltsame Entwicklung hingewiesen: In den alten Ländern hört man heute, daß die Verwaltungsvereinfacher und -kritiker nun vollständig widerlegt seien. Man sehe an den neuen Ländern, daß ohne Verwaltung „nichts gehe". Außer acht bleibt dabei, daß Verwaltung heute in beträchtlichem Umfang Selbstzweck ist: Verwaltung der Verwaltung. Um in einem Gemeinwesen das Notwendige richtig zu tun, ist weitaus weniger Verwaltung erforderlich. Auch in der Bürokratie gibt es optimale Größen und übermäßig steigende Kosten, wenn die Optima überschritten werden. *Parkinsons* Gesetz und das *Peter*-Prinzip gelten weiterhin.

---

3 Wahrig, Deutsches Wörterbuch, 1986: „Ossifikation" – Verknöcherung, „ossifizieren" – verknöchern (von „os" Knochen und „facere" machen).

## Investitionsförderung, aber keine Investitionslenkung

Im Hinblick auf die Investitionen sollen nur zwei Kritikpunkte an der Verwaltung angesprochen werden: die Förderprogramme und die Rechtssicherheit.

Die direkte staatliche Investitionsförderung setzt voraus, daß ein Antrag gestellt und genehmigt wird. Um Mitnahmeeffekte zu vermeiden, wird in der Regel vorgegeben, daß die Projekte noch nicht begonnen wurden. Gelegentlich gibt es Anweisungen, nur einen begrenzten Kapazitätsausbau zu fördern, etwa nur drei Schlachthöfe in einem Bundesland. Beide Aspekte führen dazu, daß die Subventionen zur Investitionsbremse statt zur Investitionsförderung werden. Wenn ein Projekt nicht begonnen werden darf, bevor über den Förderantrag entschieden ist, und die Verwaltung aus den erwähnten Gründen viel Zeit dafür braucht, ist die Bremse offensichtlich. Wenn nur begrenzte Kapazitäten gefördert werden dürfen, so liegt eine staatliche Investitionsplanung vor, die mehr mit Sozialismus als mit Marktwirtschaft zu tun hat. Es handelt sich um eklatante Fälle des Politik- und Bürokratieversagens. Aufgabe der Investitionsförderung muß Beschleunigung der Projekte und deren Ausweitung sein, nicht Verzögerung und Selektion. Die allgemeine Förderung aller Investitionen, z.B. über erhöhte Abschreibungen, also die Förderung mit der „Gießkanne", ist viel wirkungsvoller und weniger bürokratisch. Der Engpaß Verwaltung wird gleichzeitig entlastet.

Eine zentrale Forderung an das Verwaltungshandeln in den neuen Ländern ist, Rechtssicherheit für Investoren zu gewährleisten. Gleichzeitig wird aber auch eine größere Flexibilität der Verwaltung verlangt, die auch in den alten Ländern ein wichtiges Anliegen der Entbürokratisierung ist. Höhere Flexibilität erfordert jedoch größere Ermessensspielräume, damit aber auch höhere Unsicherheit über die zu erwartende Entscheidung. Zwischen Rechtssicherheit und Flexibilität besteht insofern ein Konflikt, und man wird sich entscheiden müssen, welcher Aspekt des Verwaltungshandelns höheres Gewicht haben soll. In der gegenwärtigen Situation mit all ihren Unwägbarkeiten über die zukünftige Entwicklung scheint Anpassungsfähigkeit an die jeweiligen Gegebenheiten wichtiger zu sein. Sonst ist mit einem Bürokratieversagen wie im Sozialismus zu rechnen.

Je größer die Ermessensspielräume sind, desto größer werden auch die Anforderungen an die Integrität der Entscheidungsträger, weil Ermessen zur Willkür mißbraucht werden kann. Auch dieser Umstand spricht in der gegenwärtigen Situation dafür, die Bürokratie zurückzudrängen, statt sie mit immer mehr Aufgaben zu belasten. Das gilt für die gesamte Bundesrepublik, nicht nur für die neuen Länder.

## Die Solidaritätsaufgabe der Tarifpartner

Mindestens ebenso wichtig wie Verwaltung und Kapitalmärkte sind die Arbeitsmärkte und deren Ordnung, die Tarifautonomie. Für die Funktionsfähigkeit der Tarifautonomie sind autonome Arbeitnehmer- und Arbeitgeberverbände, die Gegnerunabhängigkeit und die Arbeitskampfparität unabdingbar. Diese Voraussetzungen sind in den neuen Ländern bisher nur bedingt gegeben. Die „Arbeitgeber" sind häufig noch die alten „Führungskader" aus den früheren Kombinaten, die kaum zu einer harten und konsequenten Abwehr überzogener Gewerkschaftsforderungen bereit sind. Für ihre eigene Zukunft ist die Abwendung sozial verbrämter zusätzlicher Kosten, die man ohnehin nicht tragen wird, sondern als zusätzlichen Subventionsbedarf zu überwälzen hofft, unwichtig. Auch dürfte die eigene Position in einem wegen überhöhter Lohnkosten, Kündigungsschutz und hoher Kosten zukünftiger Sozialpläne nicht privatisierbaren Unternehmen sicherer sein als bei einer Übernahme durch renditeorientierte neue Eigentümer, die eine kompetente Unternehmensleitung verlangen. Auch die Gewerkschaften werden eher von westdeutschen Genossen zu hohen Forderungen angetrieben, als ihre Forderungen an der Leistungsfähigkeit der Betriebe zu orientieren. Oft scheint die politische Motivation die wirtschaftliche Vernunft zu verdrängen.

Hier sind einige grundsätzliche Anmerkungen zur Tarifautonomie angebracht, da die Arbeitsmarktordnung die wirtschaftliche Entwicklung ganz wesentlich bestimmt. Durch die Tarifautonomie soll die Gestaltung der Arbeitsbedingungen aus den politischen Wahlzyklen herausgehalten werden. Lohnerhöhungen und großzügige Versprechungen können nicht zum Instrument der Mehrheitsgewinnung oder Stimmenmaximierung werden, solange die Gestaltung der Arbeitsbedingungen den politischen Parteien entzogen ist. Tarifverhandlungen bleiben dann trotz der Kollektivierung Marktverhandlungen und müssen sich an den wirtschaftlichen Fakten statt an politischen Utopien orientieren. Parteipolitik hat hier keinen Platz. Gewerkschaften und Arbeitgeberverbände sind private Vereinigungen zur Vertretung der Interessen ihrer Mitglieder. Damit keine Seite der anderen die Arbeits- und Wirtschaftsbedingungen diktieren kann, darf keine der Tarifparteien ein Übergewicht erhalten. Tarifautonomie setzt die Gleichwertigkeit im Arbeitskampf voraus, also: Wenn Streikrecht, dann auch Recht zur Aussperrung zur Abwehr eines Arbeitskampfes.

Der Arbeitskampf muß letztes Mittel in den Tarifauseinandersetzungen sein und für alle Beteiligten mit Kosten verbunden sein, die dem Schaden entsprechen. Das Aussperrungsverbot, das als „soziale Errungenschaft der DDR" in das Grundgesetz aufgenommen werden soll, senkt die Kosten von Streiks für die Gewerkschaften und erhöht das Streikrisiko für die Unternehmen. Es drohen höhere volkswirtschaftliche Streikkosten und höhere Verluste für die Unternehmen. Wegen der hohen Mobilität des Kapitals müssen höhere Verlustrisiken durch höhere Risikoprämien, das heißt bessere Gewinnchancen und höhere Zinsen, ausgeglichen werden, die zu Lasten des Arbeitseinkommens gehen müssen. Die Arbeitnehmer bezahlen für das Aussperrungsverbot, entweder weil höhere Risikoprämien für die Investoren nötig sind oder weil ihre Arbeitsplätze mit weniger Kapital ausgestattet werden und deshalb Arbeitsproduktivität und Reallöhne geringer sind. In der gegenwärtigen Situation der Wirtschaft ist dieses eine unsoziale Errungenschaft. Aussperrungsverbot mit Streikrecht ist ein neosozialistischer Irrweg zur Stärkung der Funktionärsmacht zu Lasten der Arbeitnehmer. Er schreckt Investoren ab, statt sie anzuziehen, wie es zur Öffnung des Entwicklungsengpasses „Kapitalversorgung" nötig wäre.

Die Tarifpartner haben die Verantwortung für die Funktionsfähigkeit der Arbeitsmärkte, für Beschäftigung und Arbeitslosigkeit. Sie können die Preise auf den Arbeitsmärkten nicht beliebig festsetzen, weil die Bürger sich weigern können, Güter und Leistungen zu kaufen, wenn sie wegen höherer Löhne zu teuer werden. Arbeitslosigkeit ist die Folge. Betrachtet man die bisherigen Tarifabschlüsse vor dem Hintergrund der strukturellen Probleme und der Produktivitätsentwicklung, dann kann man sie nur als verantwortungslos bezeichnen. Sie sind eine wesentliche Ursache der Verschärfung der Krise – gewollt oder ungewollt.

Um einen Mißbrauch der Tarifautonomie zu unterbinden, darf der Staat nicht die Garantie dafür übernehmen, daß die negativen Folgen der Tarifabschlüsse den verantwortlichen Vertragspartnern abgenommen und auf die Allgemeinheit überwälzt werden. Das gilt besonders für lohnbedingte Arbeitslosigkeit und die Forderung nach Subventionen und staatlichen Beschäftigungsprogrammen. Tarifautonomie und staatliche Beschäftigungsgarantie – das „Recht auf Arbeit" – sind nicht miteinander vereinbar. Die Tarifpartner müssen selbst für ihre Entscheidungen haften, wenn sie ihre Freiheit verantwortlich gebrauchen sollen. Wenn die Tarifpartner davon ausgehen können, daß Lasten aus überzogenen Abschlüssen dem Staat aufgebürdet werden können, werden sie ihrer

Verantwortung für den Arbeitsmarkt enthoben. Lohnkosten und Arbeitslosigkeit explodieren. Um das zu verhindern, muß der Staat Lohnsubventionen verweigern.

Der Entwicklungsprozeß darf nicht durch besondere Belastungen der Engpässe Kapital und Unternehmen durch Tarifabschlüsse behindert werden, die auf das Produktivitätswachstum keine Rücksicht nehmen und die nur durch Lohnsubventionen realisierbar sind. Die unabwendbaren Strukturanpassungen dürfen nicht verzögert werden. Die unnötige Verzögerung der Gesundung einer kranken Volkswirtschaft ist auch dann unsozial, wenn die überhöhten Löhne kurzsichtig mit sozialen Gründen gerechtfertigt werden. Löhne, die die Wettbewerbsfähigkeit zerstören, verzehren heute das höhere Realeinkommen der Zukunft.

Die häufig wiederholte Begründung für Lohnerhöhungen, die dem Produktivitätsfortschritt weit vorauseilen, nämlich daß qualifizierte Arbeitskräfte massenweise nach Westen wandern würden, ist falsch. Dringend benötigte hochqualifizierte Mitarbeiter kann man jederzeit ihrer Produktivität entsprechend übertariflich bezahlen. Dafür muß nicht das gesamte Lohnniveau mit verheerenden Folgen für die Kosten und die Wettbewerbsfähigkeit und damit für die Beschäftigung – Arbeitslosigkeit für Hunderttausende – angehoben werden. Im übrigen ist Mobilität, das Pendeln in Arbeitsmärkte mit besseren Chancen, eine entscheidende Voraussetzung für einen reibungslosen Strukturwandel: Die Teilarbeitsmärkte werden entlastet, indem Arbeitslosigkeit hier und Arbeitskräftemangel dort gedämpft werden. Hinzu kommt ein Transfer von Leistungseinkommen in die Problemgebiete, was erhöhte kaufkräftige Nachfrage und bessere Beschäftigungschancen dort ermöglicht.

Außerdem gibt es keinen schnelleren Weg, das Neue zu lernen, als es selbst zu tun. Die berufliche Qualifikation der Pendler steigt, und dadurch wächst ein zusätzliches Angebot an Fachkräften in der Heimatregion. Es gibt so viele positive Entwicklungsimpulse, daß die Klagen über die Zahl der Pendler unverständlich sind. Hier kommt ein staatliches Fürsorgedenken zum Vorschein, das mit dem Grundverständnis vom mündigen Bürger nur wenig zu tun hat.

Aus alledem wird deutlich, daß Solidarität nicht einfach eine Sozialisierung der Leistungen anderer bedeuten kann. Solidarität umfaßt insbesondere auch die Verpflichtung zur Entlastung der anderen durch eigene Leistung. Es ist Aufgabe der Politiker und der Tarifparteien, hierfür die Voraussetzungen und die Motivation zu schaffen. Bisher wurde viel zu sehr der Eindruck vermittelt, daß man die Rechnung von Bonn aus bezahlen werde – eine Rechnung, die man durch Druck von der Straße beliebig erhöhen kann.

## Soziale Besitzstände als Investitionshindernisse

Wenn man die Äußerungen zu den sozialen Errungenschaften hört, die von der Ex-DDR in die Verfassung des vereinigten Deutschlands eingebracht werden sollen, dann fragt man sich, in welche Richtung das Wohlstands- und Sozialgefälle eigentlich ging. Der Übersiedlerstrom hatte so eindeutig aufgezeigt, welches Wirtschafts- und Gesellschaftssystem von den Menschen vorgezogen wird, daß diese Forderungen unverständlich sind. Offensichtlich hat man schon vergessen, wie teuer die „sozialen Errungenschaften" bezahlt wurden – niedrige Mieten mit verfallenden Wohnungen, kostenlose Krankenversorgung mit mieser Qualität, Recht auf Arbeit mit Verzicht auf Freiheit der Berufswahl und mit niedrigen Löhnen. Muß man heute schon daran erinnern, daß diese „Wohltaten" nicht aus der Wertschöpfung, sondern aus der Substanz finanziert wurden und zum Bankrott führten?

Soziale Sicherung und sozialer Frieden stehen als Illusion auf dem Papier, wenn die Leistungsfähigkeit der Wirtschaft ruiniert ist. Die Menschen haben einst die DDR verlassen, weil die soziale

Sicherung der DDR durchgebrannt ist, nicht, weil es ihnen in der DDR zu gut ging. Wenn man heute alle möglichen „sozialen Rechte" festschreiben will, dann ist das Etikettenschwindel, ein Umverteilungstrick: Nachdem man zahlungsunfähig wurde, sollen nun andere bezahlen. Diese Sonderrechte sind nicht kostenlos. Sie stellen zusätzliche Risiken für die wirtschaftliche Entwicklung dar und sind deshalb Bremsen für den Anpassungs- und Aufholprozeß. Sie schrecken Investoren ab, verhindern ein schnelles Ansteigen der Arbeitsproduktivität und der Reallöhne. Die „sozialen Errungenschaften der DDR" sind unsoziale Altlasten

*Ludwig Erhard* wußte, daß der Erfolg seines Experiments „Soziale Marktwirtschaft" ganz entscheidend vom Leistungswillen der Bürger und ihrer Zuversicht in die eigene Zukunft geprägt war. So wichtig die institutionellen Bedingungen und die soziale Absicherung sind, ohne die Leistungsbereitschaft, das Zupacken der Bürger, sind sie nichts. Nicht Kollektive, sondern die einzelnen Menschen sind die Leistungsträger!

In den psychologischen Aspekten des Aufschwungprogramms sind manche Fehler gemacht worden. So hat die Rede von der „Gleichheit der Lebensbedingungen" Erwartungen und Ansprüche geweckt, die – wenn überhaupt – in kurzer Zeit nicht erfüllbar sind. Völlig überzogene, unrealistische Ansprüche führen unausweichlich zu Enttäuschung und Entmutigung. Dabei wird übersehen, daß es auch in den alten Ländern Armut und Arbeitslosigkeit gibt und daß hart gearbeitet werden muß. Zum Maßstab wurde ein Homo ludens occidentalis, ein „imaginärer, verspielter Lustwessi", der alles konsumiert, was die Werbung anbietet, der im schnellen Auto durch die Landschaft braust und der zweimal im Jahr einen Luxusurlaub im Ausland verbringt.

Die Freude über den bereits erzielten Fortschritt, das im Durchschnitt höhere Realeinkommen und die Kaufkraftsteigerungen sollten zu optimistischer Stimmung führen; statt dessen belastet der Umstand, daß man etwas Unrealistisches nicht erreichen konnte, das Selbstwertgefühl und läßt klagen und fordern. Heute liegen die Arbeitseinkommen in den neuen Ländern zwischen 60 Prozent und 75 Prozent der Einkommen in den alten Ländern. Die Kaufkraft der Deutschen Mark liegt in den neuen Ländern 30 Prozent über der in den alten Ländern. Daraus folgt, daß sich die Realeinkommen bereits auf 78 bis 98 Prozent angeglichen haben. Das ist eine phantastische Leistung, wenn man die Ausgangssituation bedenkt, und trotz aller Probleme kein Grund zum Pessimismus.

Während bei der Einkommensentwicklung die Vergangenheit schnell verdrängt wurde, hat man andererseits nicht vergessen, daß man in der Vergangenheit hart und lange gearbeitet hat und trotzdem die Wirtschaft ruiniert wurde. Allen, die durch solche Gedanken Selbstwertprobleme haben, muß klargemacht werden, daß sie unter den damaligen Verhältnissen nicht mehr erreichen konnten. Entwicklung bedeutet aber immer, daß das Bisherige durch Besseres verdrängt wird und daß das Frühere im Rückblick wertlos erscheint. Das ist der Prozeß der schöpferischen Zerstörung, mit dem eine freiheitliche dynamische Gesellschaft täglich fertig werden muß.

Wenn man diesen Prozeß aufhält, wie es in den sozialistischen Ländern geschehen ist, wenn man die Freiheit, besser zu sein, durch zentrale Planung beschränkt, kommt es zu so drastischen Rückständen, wie sie jetzt in den postsozialistischen Staaten aufzuholen sind. Diese Aufgabe kann man nur mit Mut und Optimismus lösen. Rückblicke und Trauer über die in der Vergangenheit verweigerten Lebenschancen sind lähmend. Fortschritt und Aufschwung werden durch freie Bürger bewirkt, die den Mut haben, ihre Zukunft selbst zu gestalten. Dieses zu tun, ist wahre Solidarität. □

# Politische Entscheidungen und wirtschaftspolitischer Handlungsbedarf

*Otto Schlecht*

*Noch im Sommer 1990 wurde die wirtschaftliche Lage der damaligen DDR weitaus zu positiv eingeschätzt. Die DDR war nicht nur politisch und ideologisch, sondern auch wirtschaftlich zusammengebrochen. Erst nach der Vereinigung wurde dieser Bankrott deutlich und führte zur Gründung des „Gemeinschaftswerks Aufschwung Ost" – dem mit Abstand größten Konjunktur- und Strukturprogramm, das jemals initiiert wurde. Dennoch bleibt weiterer wirtschaftspolitischer Handlungsbedarf. Aber auch finanz-, sozial- sowie arbeitsmarkt- und tarifpolitische Entscheidungen müssen getroffen werden, um die großen Herausforderungen der deutschen Vereinigung zu bewältigen.*

Die dramatischen Umwälzungen in Mittel- und Osteuropa, aber auch Kurskorrekturen in Westeuropa zeigen: Aus dem Wettbewerb der Wirtschaftssysteme ist die marktwirtschaftliche Ordnung gegen die sozialistische Planwirtschaft und auch gegen Mischsysteme als klarer Sieger hervorgegangen. *Ludwig Erhard* hat *Karl Marx* endgültig aus dem Rennen geworfen.

Manche Zeitgenossen meinen deshalb, daß die freiheitlich verfaßte und sozial gestaltete Wirtschafts- und Gesellschaftsordnung ihre historische Bewährungsprobe bereits bestanden habe. Das ist zwar für die prinzipielle ordnungspolitische Weichenstellung richtig. Der deutsche Einigungsprozeß muß aber erst noch zum dauerhaften Erfolg geführt werden, und die Systemtransformation in Osteuropa steht bekanntlich erst am Anfang.

Ich will mich mit drei Sachverhalten auseinandersetzen:

☐ Manche marktwirtschaftliche Puristen meinen, die bisher getroffenen Maßnahmen seien bestenfalls ein notwendiges Übel, hätten aber wenig mit marktwirtschaftlicher Politik zu tun; *Ludwig Erhard* würde sich im Grabe drehen. Ich will deshalb erstens die Grundprinzipien der Sozialen Marktwirtschaft skizzieren.

☐ Daran orientiert werde ich zweitens das Maßnahmenbündel „Aufschwung Ost", die flankierenden arbeitsmarktpolitischen Maßnahmen und die Aufgabe der Treuhandanstalt bewerten.

☐ Drittens werde ich aufzeigen, welche Aufgaben für Ostdeutschland und für ganz Deutschland noch zu bewältigen sind, welche neuen Weichenstellungen nötig sind, damit die Soziale Marktwirtschaft ihre größte Bewährungsprobe erfolgreich bestehen kann.

## Grundprinzipien der Sozialen Marktwirtschaft

Die Wirtschafts- und Gesellschaftsordnung der Sozialen Marktwirtschaft bedarf der bewußten Gestaltung. Ihre „List der Idee" lautet: Wenn effizientes Wirtschaften und freiheitliches Zusammenleben in einer offenen Gesellschaft gewährleistet sein sollen, ist die Koordinierung der individuellen Präferenzen und dezentralen Entscheidungen über die Regeln wettbewerblicher Märkte unverzichtbar. Aber die Marktprozesse müssen durch die staatliche Rahmenordnung begrenzt und kanalisiert werden, damit einzelwirtschaftliches, eigennütziges Handeln auf den Märkten nicht in Widerspruch zu sozialen Zielen und zur Freiheit der anderen gerät.

Dies heißt zum einen, die konstituierenden Prinzipien der marktwirtschaftlichen Ordnung einzuhalten und zu pflegen: insbesondere Gewerbe- und Vertragsfreiheit, Dominanz des Privateigentums, stabiles Geld- und Finanzwesen. Dies bedeutet zum anderen, daß die reine Marktwirtschaft eines Rechts- und Ordnungsrahmens und der „sozialen" Ergänzung bedarf.

Die wichtigsten Felder einer so verstandenen Ordnungspolitik sind:

☐ Staatliche Sicherung des dynamischen Leistungswettbewerbs, damit nicht übermäßige wirtschaftliche Macht durch Kartelle, marktbeherrschende Positionen und Monopole entsteht und zum Schaden von Konsumenten und Konkurrenten mißbraucht wird;

☐ Gesamtwirtschaftliche, mittelfristige Wachstumspolitik, die vor allem günstige Rahmenbedingungen für Innovationen, Investitionen und Beschäftigung schafft, die strukturelle Nachteile ausgleicht, z. B. durch regionale Wirtschaftspolitik und Mittelstandsförderung, und die bei drohenden Konjunktureinbrüchen und schwerwiegenden Strukturwandlungen ergänzt wird durch marktkonforme Stabilisierungs- und Anpassungsmaßnahmen;

☐ Als integrale Ergänzung der marktwirtschaftlichen Regeln sind ein funktionsfähiges Sozialleistungssystem, arbeitsrechtliche Absicherung und Mitbestimmung sowie Arbeitsvermittlung und -förderung nötig;

☐ Unverzichtbar sind die Bereitstellung von Infrastruktur und ein

Regelwerk zum Schutz der Umwelt durch Ordnungsrecht und marktwirtschaftliche Anreizinstrumente.

Diese Aufzählung zeigt, daß der Staat wichtige ordnungspolitische und gesamtwirtschaftliche Aufgaben zu erfüllen hat, aber nicht in die einzelwirtschaftlichen Entscheidungen und die Marktprozesse direkt eingreifen soll.

Die Erfahrungen in der alten Bundesrepublik haben aber auch gezeigt, daß bei einer so verstandenen Ordnungspolitik marktwirtschaftliche Effizienz und sozialer Ausgleich einerseits in einem sich ergänzenden Wechselspiel stehen, andererseits zwischen beiden Prinzipien immer wieder Spannungsverhältnisse entstehen. Der Widerstreit geht um mehr Markt oder mehr staatliche Ordnung und Umverteilung. Es galt und gilt deshalb, aufzupassen, daß in der konkreten Ausgestaltung und Gewichtsverteilung die Balance gehalten und gegebenenfalls neu adjustiert wird.

Das war z. B. so, als in den siebziger Jahren die Marktkräfte durch Auswuchern wohlfahrtsstaatlicher Entwicklungen überfordert wurden und ein übermäßiges Ansteigen der Staats- und Sozialquote am Sozialprodukt die Wachstums- und Beschäftigungsdynamik und die internationale Wettbewerbsfähigkeit beeinträchtigte. Deshalb war in den achtziger Jahren eine Erneuerung marktwirtschaftlicher Ordnungspolitik fällig, vor allem eine Rückführung der ausgeuferten staatlichen Defizite, eine Reduzierung der steuerlichen Belastungen, die Privatisierung staatlichen Eigentums und öffentlicher Leistungen sowie die Deregulierung des staatlichen Regelungsdickichts. Der Erfolg ließ nicht auf sich warten; er bestand aus geringer Preissteigerung, höherem Wachstum, 2,5 Millionen neuen Arbeitsplätzen und neuer Exportdynamik.

Ich gebe diesen kurzen Rückblick, weil er den Weg zum anstehenden wirtschaftspolitischen Handlungsbedarf weist.

### Das „Gemeinschaftswerk Aufschwung Ost"

Die Wirtschaftspolitik im Rahmen der Sozialen Marktwirtschaft steht heute zweifellos noch vor ihrer größten Bewährungsprobe: der Transformation der sozialistischen Planwirtschaft in eine marktwirtschaftliche Ordnung – und dies so zügig wie nur möglich.

Die vollständige Runderneuerung der gesamten Volkswirtschaft eines Landes mit 17 Millionen Einwohnern ist eine Aufgabe, die sich so noch keinem Volk in der Geschichte gestellt hat. In Osteuropa blicken die Reformer gespannt darauf, wie den Deutschen in den neuen Bundesländern diese historisch einmalige Herausforderung gelingt.

Diese besondere Situation ist Herausforderung und Verpflichtung zugleich. Viele Bürger in Ostdeutschland, aber auch im Westen, fragen und zweifeln, ob diese Herausforderung im Rahmen der Sozialen Marktwirtschaft und mit ihren Mitteln überhaupt bewältigt werden kann. Der Befund läßt solche Fragen und Zweifel berechtigt erscheinen.

Die DDR-Wirtschaft war autark und von den Weltmärkten abgeschottet. Sie produzierte in technisch veralteten Anlagen nicht wettbewerbsfähige Produkte. Rentabilität, kaufmännisches Management, Marketing und dergleichen waren Fremdworte. Schlimmer noch: Die DDR-Wirtschaft fuhr „auf Verschleiß". Die öffentliche Infrastruktur im Verkehrs- und Fernmeldewesen und bei Bauten verfiel. Die Schädigungen und Belastungen im Umweltbereich waren so groß, daß ihr Ausmaß auch heute noch nicht vollständig erfaßt werden kann. Es bestand kein Wirtschaftsrecht, denn in der Planwirtschaft wurden Streitfälle von den vorgesetzten Stellen entschieden. Es gab kein wirkliches Steuersystem, denn der Staat als Eigentümer der Wirtschaft entnahm seine Mittel den Betriebskassen oder druckte einfach Geld. Die Sparkassen hatten keine Bankfunktion, sondern waren Kassierer für den staatlichen Planungsapparat. Die Verwaltung war nicht an Rechtsnormen orientiert, die Wünsche des Zentralkomitees waren die Richtschnur für das Handeln.

Mit der Einführung der Deutschen Mark und der Vereinigung unseres Landes platzte die Seifenblase dieser vierzigjährigen sozialistischen Mißwirtschaft. Das heißt aber: Es war und ist nicht damit getan, in den Betrieben, bei der Infrastruktur und in der Verwaltung partielle Verbesserungen vorzunehmen. Es ist von Grund auf in allen Bereichen eine vollständige strukturelle Erneuerung nötig. Sie braucht viele Ressourcen, Tatkraft und Geduld.

Die Menschen in den neuen Bundesländern wollen andererseits so schnell wie möglich den gleichen Lebensstandard wie die Menschen in den alten Bundesländern. Es fehlen ihnen aber grundlegende Voraussetzungen, um sich diesen Lebensstandard aus eigener Kraft zu erarbeiten. Das ist keine Frage ihres guten Willens. Wille ist vorhanden: Die Deutschen in den neuen Bundesländern sind genauso arbeitswillig und fleißig wie die in den alten Bundesländern. Aber sie sind von Anfang an dem Konkurrenzdruck aus den westlichen Bundesländern, dem vollen europäischen und weltweiten Liberalisierungsschock ausgesetzt, dem sie noch nicht standzuhalten vermögen – auch wenn sie sich noch so sehr anstrengen. Und sie müssen sich nach vierzig Jahren Leben und Arrangieren in der Kommandowirtschaft mit grundlegend neuen Bedingungen zurechtfinden. Sie müssen erst lernen, daß man mit den gewonnenen Freiheiten auch den Arbeitsplatz verlieren kann, daß Wohnen etwas kostet, daß Investieren sich rentieren muß und daß die Wettbewerbswirtschaft mit größerer Einkommensdifferenzierung verbunden ist.

Aus all diesen Gründen war der anfangs aufgestellte Vergleich mit der Entwicklung 1948/49 in Westdeutschland falsch. Damals gab es noch eine außenwirtschaftliche Absicherung mit Zöllen, Kontingenten und einer unterbewerteten Deutschen Mark. Auch waren die Privatrechts- und Privateigentumsordnung und die Verwaltungsstrukturen weitgehend intakt. Die Ex-DDR mußte demgegenüber ins kalte Wasser des freien Marktes springen.

Trotzdem war es nicht nur unvermeidlich, sondern auch politisch und wirtschaftlich richtig, mit der Währungsunion und spätestens mit der politischen Vereinigung diesen Sprung zu tun. Es zeigte sich, daß die DDR wirtschaftlich, politisch und ideologisch pleite war und in Kürze auch zahlungsunfähig geworden wäre. Ursprüngliche Etappenpläne waren untaugliche Rezepte. Man kann den Sprung über den Abgrund – um ein Bild zu gebrauchen – nicht in mehreren Schritten tun.

Von wenigen Übergangsbestimmungen abgesehen, sind alle Grundprinzipien, Regeln und Vorschriften der Sozialen Marktwirtschaft in den neuen Bundesländern eingeführt worden. Notwendig war dann aber auch eine bedarfsadäquate Wirtschaftsförderung und soziale Flankierung. Es gab aber kein fertiges Programm für die schnelle Systemtransformation. Bei der Suche nach den richtigen Wegen und Mitteln war es deshalb unvermeidlich, daß es zu Fehleinschätzungen kam, daß Fehler gemacht wurden und Lehrgeld bezahlt werden mußte.

Evident war aber, daß vor allem private und öffentliche Investitionen – Investitionen und nochmals Investitionen – notwendig waren und sind. Diese können – ob des gewaltigen Bedarfs – zunächst nur aus dem Westen kommen. Nur Investitionen in moderne Fertigungsstätten, Infrastruktur und Wohnungswesen schaffen zukunftssichere Arbeitsplätze, nur sie garantieren die Zukunft. Daraus folgt: Alles, was solche Investitionen fördert, muß getan, alles, was solche Investitionen behindert, muß beseitigt werden. Deswegen ist das „Gemeinschaftswerk Aufschwung Ost" in seinem Kern ein Programm für öffentliche und private Investitionen.

Alles, was mit Geld und Programmen vernünftigerweise erreicht werden kann, hat die Bundesregierung auf den Weg gebracht, wenn auch – wie gesagt – nach einigen Fehleinschätzungen und Verzögerungen. 1991 fließen rund 140 Milliarden DM (netto 100

Milliarden DM) in die neuen Bundesländer, davon rund 50 Milliarden DM direkt für Investitionen. Für 1992 wird mit 160 Milliarden DM (netto 125 Milliarden DM) gerechnet.

Für private Investitionen wurde ein Maximum an Anreizen geschaffen: Fünfzig Prozent einer Investitionssumme werden in der Regel aus der Staatskasse erstattet. Ein riesiges Infrastrukturprogramm wurde aufgelegt. Gesetzlich vorgeschriebene Planungs- und Genehmigungsverfahren für Verkehrsprojekte wurden vereinfacht und verkürzt. Rechtliche Hürden für Investoren in der Eigentumsfrage und bei ökologischen Altlasten wurden deutlich herabgesetzt. Für den Aufbau einer modernen funktionsfähigen Verwaltung wurde umfangreiche personelle, technische und organisatorische Hilfe geleistet.

Das ist mit Abstand das größte Konjunktur- und Strukturprogramm, das jemals in der Geschichte – bei uns und anderswo – auf die Beine gestellt und zum Laufen gebracht worden ist. Die Erfolge dieser Anstrengungen zeigen sich nicht über Nacht. Wir brauchen Geduld – auch wenn es schwer fällt.

## Hoffnungsvolle Perspektiven

Eine realistische Betrachtung der Lage und der Perspektiven zeigt, daß wir inzwischen auf dem richtigen Weg sind. Die erste Phase nach dem 1. Juli bzw. dem 3. Oktober 1990 war zunächst geprägt von einer überzogenen Euphorie in Ost- und Westdeutschland. Ihr folgte dann eine Phase der Unsicherheit, der Ungeduld und Zweifel, schließlich der Resignation. Jetzt befinden wir uns in der dritten Phase, in der es zwar noch viele ungelöste Struktur- und Beschäftigungsprobleme gibt, sich aber auch die Zeichen für eine positive Trendwende mehren. Vor allem nimmt die Zuversicht wieder zu.

Die Arbeitslosigkeit wird noch bis Ende 1991 ansteigen, weil vor allem im industriellen Bereich der Abbau unrentabler Kapazitäten

noch andauert. Aber von Monat zu Monat gibt es auch zunehmend positive Entwicklungen:
☐ Die kräftig steigenden Auftragseingänge in der Bauwirtschaft belegen, daß hier die Aufwärtsentwicklung in Gang gekommen ist.
☐ Bei der Industrieproduktion ist der Wendepunkt nach oben in greifbarer Nähe, allerdings nach Regionen und Branchen höchst unterschiedlich.
☐ Seit Anfang 1990 wurden rund 470 000 Gewerbeanmeldungen registriert – ein Zeichen dafür, daß sich auch mittelständische Strukturen entwickeln. Ministerpräsident *Stolpe* beurteilt diese Entwicklung treffend, wenn er sagt: „Das Handwerk gewinnt im Osten goldenen Boden."
☐ Westdeutsche Unternehmen planen laut einer Ifo-Umfrage für 1991 Investitionen von rund 25 Milliarden DM und für 1992 von rund 36 Milliarden DM.
☐ Die Förderprogramme werden in immer größerem Umfang genutzt. Im Rahmen der Regionalförderung wurden rund 10 000 Anträge mit einem Investitionsvolumen von rund 70 Milliarden DM gestellt.
☐ Die Privatisierung durch die Treuhandanstalt kommt jetzt rascher voran. Inzwischen sind rund 4 000 Unternehmen privatisiert worden. Dabei wurden Investitionen von rund 85 Milliarden DM und die Einrichtung von mehr als 700 000 Arbeitsplätzen zugesichert.
☐ Über zwei Millionen neue Beschäftigungsverhältnisse sind inzwischen entstanden. Damit ist der Abbau im industriellen Bereich zwar noch nicht kompensiert, aber viele neue Betätigungsfelder entwickeln sich – in der Bauwirtschaft, im Handwerk, im Handel und in allen sonstigen Dienstleistungsbereichen.
☐ Der strukturelle Erneuerungsprozeß ist mit besonderen arbeitsmarktpolitischen Maßnahmen flankiert worden, und die Treuhandanstalt leistet im Vorfeld der Privatisierung auch aktive Sanierung.

Bei der Treuhandanstalt ist und bleibt die Privatisierung der erfolgversprechendste Weg, rasch zu wettbewerbsfähigen Unternehmen zu kommen, da gleichzeitig mit den Unternehmen auch das Unternehmensrisiko privatisiert wird. Aber die Treuhandanstalt muß sich auch bei der Sanierung engagieren. Wir können nicht die Augen davor verschließen, daß es eine Reihe von Unternehmen gibt, die grundsätzlich sanierungsfähig sind, die aber derzeit keinen Käufer finden.

Die einige Zeit vertretene These: „Was jetzt nicht privatisiert werden kann, ist nicht überlebensfähig und muß geschlossen werden", war weit überzogen. Deshalb war es richtig, eine differenzierte Betrachtung zu erreichen und die Sanierung als Zwischenaufgabe, als Vorbereitung einer möglichst schnellen Privatisierung, in die konkrete Aufgabenstellung der Treuhandanstalt einzubeziehen. Natürlich bleiben manche Unternehmen trotz aller Bemühungen nicht sanierungsfähig. Weitere Stillegungen werden sich deshalb auch künftig nicht vermeiden lassen, aber sie müssen durch besondere arbeitsmarktpolitische Maßnahmen sozial abgefedert werden.

## Stützpunkte auf dem Grat zwischen Marktwirtschaft und Dirigismus

Besorgte Zeitgenossen zweifeln, ob dies alles noch mit der Sozialen Marktwirtschaft vereinbar ist. Vor allem die sogenannten Beschäftigungsgesellschaften werden als ein gefährliches Abgehen von marktwirtschaftlichen Tugenden angesehen. Anderen geht alles noch nicht weit genug, sie fordern einen umfassenden staatlichen Strukturplan mit entsprechenden dirigistischen Eingriffen.

Ich bin überzeugt, daß das in Gang gesetzte Maßnahmenbündel vor dem Hintergrund der umfassenden Strukturerneuerung richtig verstandene Ordnungs- und Wirtschaftspolitik im Rahmen der Sozialen Marktwirtschaft ist. Auch eine konsequent auf die Marktkräfte setzende Wirtschaftspolitik darf sich nicht gebetsmühlenartig auf ordnungspolitische Bekenntnisse zurückziehen, die für den Westen gelten, aber ohne Bezug zum realen Befund und zu den Alltagssorgen der Menschen im Osten sind.

Dabei handelt es sich um eine schwierige ordnungspolitische Gratwanderung zwischen dem Verlassen auf die allgemeinen Regeln und Kräfte des Marktes einerseits und dem Abgleiten in einen strukturerhaltenden Interventionismus andererseits. Am Ende müssen zwar die Marktkräfte den dauerhaften Aufschwung tragen, aber ihnen muß erst einmal mit massiver Hilfestellung auf die Beine geholfen werden. Zugleich muß aber vermieden werden, vom Regen der Zwangswirtschaft in die Traufe einer marktwidrigen, dauerhaften Interventions- und Subventionspolitik zu geraten. Das heißt vor allem:

☐ Mit umfassender Investitions- und Produktivitätsförderung muß befristet der Weg geebnet werden für das Entstehen rentabler Unternehmen und Arbeitsplätze auf breiter Front. Dies hat schon *Ludwig Erhard* in seinem Wiedervereinigungsartikel von 1953 erkannt. Er hat damals geschrieben, das „eigentliche Problem" sei, „die Produktivität der ostdeutschen Wirtschaft so rasch und so energisch zu verbessern, daß der Prozeß der Leistungsangleichung auch zeitlich so kurz wie möglich bemessen werden kann". *Erhard* meinte, hierzu müsse in ausreichendem Maße privates, aber auch öffentliches Kapital mobilisiert werden. Es dürfe nicht verkannt werden, „daß der Wirtschaft des Ostens vom Staate Hilfestellung geboten werden muß."

☐ Es muß beim Vorrang der Privatisierung durch die Treuhandanstalt bleiben, was in geeigneten Fällen aktive Sanierung im Vorfeld der Privatisierung nicht ausschließt. Die Treuhandanstalt wäre aber fachlich und finanziell heillos überfordert, wollte man sie in struktur- und beschäftigungspolitische Aufgaben drängen.

□ Besondere arbeitsmarktpolitische Maßnahmen und auch Beschäftigungsgesellschaften sind zwar notwendig und sinnvoll, wenn sie eine Brücke bauen bis zum vollen Wirksamwerden der Investitionsförderung und wenn sie über Qualifizierung und Weiterbildung zu produktiver Arbeit führen. Den Menschen würde aber kein Dienst erwiesen, wenn solche Maßnahmen und Institutionen zum Üben am Phantom ausarten oder wenn sie in einen „Arbeitsamtssozialismus" *(Karl Schiller)* schlittern und auf diese Weise eine neue verdeckte Arbeitslosigkeit entsteht.

□ Die Lohnpolitik sollte bei dieser Gratwanderung helfen. Angesichts des verständlichen Drucks auf zügige Einkommensangleichung kann es dabei weniger um pauschale Orientierung an der aktuellen Produktivitätsentwicklung gehen. Die Produktivität soll gerade mit neuen Investitionen und neuem technischen Wissen schnell gesteigert werden. Der Kontakt mit der erwarteten Produktivitätsentwicklung darf aber nicht verlorengehen. Notwendig ist vor allem ein Mindestmaß an Differenzierung und Flexibilität sowie der Einbau von ertrags- und vermögenspolitischen Komponenten. Denn auch einheimische Existenzgründer müssen in der Startphase für neueingestellte Beschäftigte die Löhne am Markt verdienen können. Lohnsubventionen wären ein gefährliches Kurieren an Symptomen.

□ Insgesamt muß bei aller notwendigen Förderung durch den Staat aufgepaßt werden, daß man sich nicht an staatliche Fördertöpfe gewöhnt, sondern mehr und mehr zum betriebs- und privatwirtschaftlichen Kalkül übergeht. Mehr Staat ist befristet nötig. „Mehr Staat, weniger Markt" darf nicht die Dauerdevise werden.

## Aktueller wirtschaftspolitischer Handlungsbedarf

Ich habe erläutert, daß mit diesen Interpretationen das bisher auf den Weg gebrachte Maßnahmenbündel, vor allem das „Gemeinschaftswerk Aufschwung Ost", legitimer Ausdruck einer richtig verstandenen Wirtschaftspolitik im Rahmen der Sozialen Marktwirtschaft ist. Wir brauchen insoweit kein schlechtes ordnungspolitisches Gewissen zu haben. Das heißt aber nicht, daß kein weiterer Handlungsbedarf besteht und wir den Erfolg nur abzuwarten brauchen, im Gegenteil. Ich stimme den Wirtschaftsforschungsinstituten zu, die im jüngsten Gemeinschaftsgutachten dazu u.a. ausgeführt haben:

☐ „Die Weichen für ein nachhaltiges wirtschaftliches Wachstum in den östlichen Regionen, das nicht durch öffentliche Kassen alimentiert wird, sind noch nicht gestellt".

☐ „Entscheidend für eine wirkliche Überwindung der Teilung ist das Entstehen von Einkommen durch Produktion in Ostdeutschland, zu dem es freilich zunächst auch öffentlicher Transfers bedarf".

☐ „Eine Politik dauerhafter, massiver Subventionierung des privaten Konsums kann letztlich nur über Steuererhöhungen finanziert werden, die ihrerseits wieder zu Verteilungskonflikten in Westdeutschland zu führen drohen. Damit besteht die Gefahr einer Spirale aus steigenden Löhnen, Preisen, Subventionen und Steuern, die die wirtschaftliche Basis für den Aufholprozeß der ostdeutschen Wirtschaft erodiert".

☐ „Allein hohe Investitionen machen das Aufholen und Aufbauen in Deutschland für alle lohnend, weil sie das Verteilbare selbst vergrößern. Eine dynamische Investitionsentwicklung, nicht aber das Teilen im Sinne einer bloßen Einkommensumverteilung, kann die Teilung überwinden".

Der weitere wirtschaftspolitische Handlungsbedarf muß sich an diesen grundlegenden Maximen orientieren. Was ist also noch zu tun?

Ganz allgemein ist weitere Information über das Funktionieren einer Sozialen Marktwirtschaft nötig. Den Bürger in den neuen Ländern wurde und wird mit der schnellen und drastischen Systemtransformation viel zugemutet. Sie müssen umlernen und sich umorientieren – allgemein und viele speziell im Beruf.

Marktwirtschaft – auch Soziale Marktwirtschaft – setzt auf eigene Initiative und Leistungsbereitschaft. Staat, Verbände und Kammern haben günstige Rahmen- und Förderbedingungen zu setzen und mit umfassender Information und Beratung zu helfen. Marktwirtschaft ist aber nicht nur eine „Bringschuld" des Staates, sondern auch eine „Holschuld" der Bürger. Die Bürger müssen die Möglichkeiten der Marktwirtschaft durch eigene Aktivitäten selbst nutzen. Neben den Umstellungsschwierigkeiten eröffnet der Neuanfang auch viele Chancen. Es mehren sich Zeichen der Bereitschaft, sich den Herausforderungen zu stellen, und es denen im Westen zu zeigen, was man vermag.

Es gilt aber auch: Soziale Marktwirtschaft setzt zwar auf Eigenverantwortung und Eigeninteresse. Dies ist aber nicht gleichbedeutend mit nacktem Egoismus im moralfreien Raum. Auch individuelle Moral – sich im Geschäftsleben anständig und im Rahmen der Gesetze zu verhalten – ist für das gute Funktionieren der Sozialen Marktwirtschaft erforderlich.

*Birgit Breuel* hat kürzlich zu Recht gesagt: „Die Soziale Marktwirtschaft kann den Menschen nicht einfach übergestülpt werden. Sie muß erfahrbar sein, bevor man sich mit ihr identifizieren kann". Ministerpräsident *Manfred Stolpe* hat ähnlich formuliert: „Die zunehmend positiven Signale dürfen sich nicht nur in statistischen Zahlen niederschlagen, sondern müssen konkret bei den Bürgern in persönlicher Erfahrung ankommen."

Es kommt deshalb jetzt darauf an, die eingeleiteten Maßnahmen zur Bewältigung des Strukturwandels auch vor Ort so schnell wie möglich in konkrete Ergebnisse umzusetzen. Das bedeutet,

☐ daß mehr Transparenz in die Fördermaßnahmen kommen muß, damit sie auch für den Normalbürger verständlich werden;

☐ daß in konzertierten Aktionen vor Ort die vielfältigen Maßnahmen richtig gebündelt und besser mobilisiert werden müssen;

☐ daß die Verwaltungen bei notwendigen Planungen, Genehmigungen und Bereitstellung von Flächen zügig handeln müssen und sich nicht hinter Paragraphen verschanzen dürfen;
☐ daß bei öffentlichen Aufträgen verstärkt einheimische Unternehmen zum Zuge und ostdeutsche Produkte in die Regale kommen müssen, damit sie nachgefragt werden;
☐ daß im Osten Freiräume für Modernisierung geschaffen und gegenüber westlichem Althergebrachten und Besitzstandsdenken verteidigt werden müssen, wie es Ministerpräsident *Biedenkopf* anstrebt.

Insbesondere ist darauf zu achten, daß statt Konfrontation und Besserwisserei ein Klima des Vertrauens und der Zuversicht entsteht. Den Bürgern der alten Bundesländer muß dabei immer wieder nahegebracht werden, daß tätige Solidarität auch für sie kein leeres Wort bleiben darf.

Zunächst kommt es aber darauf an, die umfassend eingeleiteten Maßnahmen zügig und konsequent umzusetzen. Vor allem müssen jetzt Hemmnisse für Unternehmensgründungen und Investitionen verstärkt abgebaut werden. Das kann geschehen
☐ durch Umsetzung der Vorfahrtsregelung bei offenen Eigentumsfragen, aber auch durch beschleunigten Aufbau und durch Sicherung der Funktionsfähigkeit der Vermögensämter;
☐ durch Vergrößerung des Angebots an Gewerbeflächen, u. a. durch Verkauf von nicht betriebsnotwendigen Grundstücken der Treuhandunternehmen;
☐ durch schnellere Freistellung von Altlasten;
☐ durch bessere Unterstützung der Kommunen bei Planungsaufgaben und gegebenenfalls Wirtschaftsförderung;
☐ durch Beschleunigung der Planungs- und Genehmigungsverfahren, insbesondere im Verkehrsbereich.

In den neuen Bundesländern muß bei den vorerst weiter notwendigen staatlichen Hilfen schrittweise vom Konsumtiven und vom Sozialtransfer auf Investitions- und Produktivitätsförderung umgesteuert werden. Vor allem müssen mehr Mittel für Infrastrukturinvestitionen freigemacht werden. Der Bedarf bis zum Jahre 2000 ist auf 280 Milliarden DM geschätzt worden. Davon können bestenfalls zwei Drittel aus öffentlichen Kassen in Ost und West kommen. Das heißt: Aus der Not der knappen öffentlichen Finanzen und der noch nicht voll funktionsfähigen Verwaltung sollte eine Tugend gemacht werden: Infrastrukturinvestitionen, Dienstleistungen und auch Wohnungsbau und -sanierung sollten verstärkt privat organisiert und finanzieren werden.

Für Deutschland insgesamt und den Westen muß finanzpolitische Leitlinie werden: Zurückzukehren zu normalen Defiziten, und zwar vor allem durch Zurückhaltung bei den Staatsausgaben, durch weiteren Subventionsabbau und durch Fortsetzung der Privatisierung. Der Anstieg der Ausgaben muß in den nächsten Jahren wieder unterhalb der Wachstumsrate des nominalen Bruttosozialprodukts liegen, und dafür müssen die öffentlichen Ansprüche an das volkswirtschaftliche Leistungsvermögen reduziert oder gestreckt werden. Dem entspricht die mittelfristige Finanzplanung des Bundes; sie muß durch konkrete Entscheidungen und unter Beachtung der Risiken und unvorhersehbaren Anforderungen auch eingehalten werden. Den „Aufschwung Ost" ausreichend zu unterstützen und solide zu finanzieren und weiterhin alle alten und neuen, lieb und teuer gewordenen Wünsche zu befriedigen – diese Rechnung kann nicht aufgehen.

In diesem Zusammenhang ist auch zu berücksichtigen, daß die neuen Länder noch für einige Zeit höhere Ausgaben für Soziales und für die Infrastruktur, gleichzeitig aber geringere Einnahmen haben. Daraus müssen mittelfristig Konsequenzen für die Neuordnung des Finanzausgleichs gezogen werden. Es muß vor allem den alten Bundesländern klar gemacht werden, daß dies ein gemeinsames Interesse ist, wenn konstruktiver Föderalismus im größeren Deutschland mit Leben erfüllt werden soll.

Bei weiteren Steuererhöhungen ist größte Zurückhaltung geboten. Der vordergründig leichtere Weg über Steuererhöhungen kann leicht eine Steuer-Preis-Lohn-Preis-Spirale auslösen und sich negativ auf Wachstum und Beschäftigung auswirken. Finanzpolitik und Lohnpolitik müssen ihren Beitrag dazu leisten, daß die Deutsche Bundesbank einen mittelfristigen Verstetigungskurs einhalten kann und nicht mit noch höheren Zinsen gegensteuern muß.

Der europäische Binnenmarkt und der weltweite Standortwettbewerb um Investoren erfordern, mit günstigen steuerlichen Rahmenbedingungen die Attraktivität des Innovations-, Investitions- und Beschäftigungsstandorts Deutschland zu sichern. Trotz aller finanziellen Belastungen muß deshalb prinzipiell an der Unternehmenssteuerreform festgehalten werden. Über die Ausgestaltung im einzelnen mag gestritten werden, aber insgesamt muß klar werden, daß es sich bei dieser Reform nicht um Wohltaten für Unternehmer handelt, sondern darum, die Bedingungen für Investitionen und das Schaffen rentable Arbeitsplätze zu verbessern.

In der Sozialen Marktwirtschaft wird der Wohnungsbau nicht allein den Marktkräften überlassen. In der Wohnungsbauförderung, im Steuer- und im Mietrecht sind aber mehr marktkonforme Rahmenbedingungen und Förderanreize nötig, damit auch privates Kapital wieder verstärkt in den Wohnungsbau fließt. Dies gilt allgemein, aber besonders für die neuen Bundesländer, damit der marode Wohnungsbestand zügig saniert und Neues entstehen kann.

Zugunsten eines beschäftigungsintensiven Wachstums, der Beschäftigungsdynamik und des Abbaus von strukturellen Diskrepanzen am Arbeitsmarkt ist allgemein und besonders für die neuen Länder eine weitere Auflockerung der staatlichen Regelungsdichte nötig. Die Vorschläge der Deregulierungskommission dürfen nicht von der Koalitionsarbeitsgruppe begraben werden.

Speziell bei der Arbeitsmarktordnung sollen übermäßige Rigiditäten abgebaut und mehr Flexibilitäten eingebaut werden. Dies eröffnet Beschäftigungschancen für Arbeitslose und verringert den

Mißbrauch. Hierbei dürfen weder das Vermittlungsmonopol der Bundesanstalt für Arbeit noch das bestehende Sozialplan- und Insolvenzrecht als unantastbar gelten. Darüber hinaus könnten auch befristete Arbeitsverträge, Öffnungsklauseln für abweichende Betriebsvereinbarungen und eine Überprüfung der Zumutbarkeitsregeln wichtige Beiträge zur Lösung von Arbeitsmarktproblemen sein.

Die Begrenzung der Lohnzusatzkosten darf nicht aufgegeben werden. Deshalb muß für soziale Innovationen in anderen sozialen Bereichen zurückgesteckt werden. Für die aktuelle Diskussion über die Pflegeversicherung sollte dies heißen: Angesichts der demographischen Entwicklung kommt zwar der gesetzlichen Absicherung des Pflegefalls eine hohe sozialpolitische Priorität zu. Sie darf aber nicht durch bloßes „Draufsatteln" auf die Lohnzusatzkosten finanziert werden, sondern es muß Ausgleich an anderen Stellen gesucht werden. Deshalb sollte zumindest ein Kombinationsmodell zwischen Umlage- und Kapitaldeckungsverfahren gewählt werden. Darüber hinaus müssen die Bemühungen um Eindämmung der Krankheitskosten durch entsprechende Reformen im Krankenhaus- und Pflegeheimwesen und durch Maßnahmen zur Verringerung des Mißbrauchs bei der Lohnfortzahlung fortgesetzt werden.

In der Tarifpolitik sind unabhängig von den besonderen Anforderungen des deutschen Einigungsprozesses gesamtwirtschaftliches und stabilitätsorientiertes Augenmaß und mehr Mut zu Differenzierung und Flexibilität, mehr Initiativen für Zeitsouveränität bei den Arbeitszeitregelungen und verstärktes Engagement für Weiterbildung und nicht zuletzt für Ertrags- und Vermögensbeteiligung nötig.

Im Rahmen der Sozialen Marktwirtschaft haben wir eine gut – manche meinen zu gut – ausgebaute soziale Arbeitswirtschaft, aber noch Defizite in der sozialen Kapitalwirtschaft. Die Beteiligung breiter Schichten an der Vermögensbildung läßt auch im Westen zu wünschen übrig. Im Osten sollte sie als Chance beim Neubeginn begriffen werden. Dies ist neben den gesetzlichen Rahmenbedingungen vor allem ein Auftrag an die Tarifvertragsparteien. Eine stärkere Spreizung der Lohnstruktur nach Knappheiten und Qualifikationen ist in Ostdeutschland noch notwendiger als in Westdeutschland. Ertragsabhängige Komponenten können dabei hilfreich sein.

Gute wirtschaftspolitische Rahmenbedingungen sind längst nicht mehr nur eine nationale Angelegenheit. Sie haben mit dem EG-Binnenmarkt, der Entwicklung zur Europäischen Wirtschafts- und Währungsunion, der kommende EG-Erweiterung und auch der Globalisierung der Weltmärkte eine neue Dimension bekommen. Dies bedeutet:

☐ In Brüssel ist auf Einhaltung des Subsidiaritätsprinzips zu achten, damit von dort aus nur geregelt wird, was zwingend gemeinschaftliche Vorschriften verlangt.

☐ Auch dann nicht alles en detail zu harmonisieren, vielmehr sollte man sich auf Mindestnormen beschränken und Mut zur gegenseitigen Anerkennung nationaler Regelungen haben.

☐ Dies setzt aber voraus, daß die Standortbedingungen in der Bundesrepublik Deutschland attraktiv gestaltet werden, damit die Wirtschaft wettbewerbsfähig bleibt.

☐ Bei der Wirtschafts- und Währungsunion sind insbesondere die stabilitätspolitischen Grundbedingungen und deutschen Standards zu verteidigen.

☐ Da ein Mißerfolg bei der GATT-Runde auf Wachstum und Beschäftigung zurückschlagen würde, ist auf Fortschritte in diesem Bereich zu drängen. Die EG muß ihrer nationalen Verantwortung gerecht werden und darf die GATT-Runde nicht an der falschen EG-Agrarpolitik scheitern lassen. Deutschland hat dabei eine Schlüsselrolle inne.

## Richtig gestellte Weichen bringen Ostdeutschland auf das Überholgleis

Dies sind nach meiner Überzeugung die wichtigsten Felder des wirtschaftspolitischen Handlungsbedarf. Wir müssen die Herausforderungen mit Mut, Tatkraft und Geduld bewältigen, damit der Übergang zur Sozialen Marktwirtschaft auf Dauer gelingt. Deutschland muß über die eigenen Grenzen hinaus ein gutes Beispiel geben und dazu beitragen, daß das Ordnungssystem einer sozial gestalteten Marktwirtschaft sich für die Europäische Gemeinschaft und für die Reformstaaten in Osteuropa grundsätzlich durchsetzt.

Dabei ist wichtig zu wissen, daß die Soziale Marktwirtschaft kein geschlossenes Konzept, sondern das Ordnungsmodell einer offenen Gesellschaft ist. Bei der Fortentwicklung der Sozialen Marktwirtschaft müssen in Deutschland, in der EG und in Osteuropa die konstituierenden Prinzipien stimmen. Die konkrete wirtschaftspolitische Ausformung kann aber neue Erkenntnisse, neue Bedingungen und Herausforderungen, vor allem auch unterschiedliche Mentalitäten, soziokulturelle Traditionen und Strukturen berücksichtigen.

Die Soziale Marktwirtschaft ist kein Idol oder Götze; sie fordert nicht zum Tanz ums goldene Kalb. Soziale Marktwirtschaft ist unter den real existierenden Wirtschafts- und Gesellschaftsordnungen diejenige, die am besten dem Anspruch gerecht wird, der modernen arbeitsteiligen Industriegesellschaft eine funktionsfähige und zugleich menschenwürdige Ordnung zu geben.

Wenn wir uns weiter an eine so orientierte Wirtschaftspolitik im Rahmen der Sozialen Marktwirtschaft halten, sind auch die Perspektiven für ganz Deutschland und vor allem für die neuen Länder und ihre Bürger günstig einzuschätzen:

☐ Alles spricht nunmehr dafür, daß der Tiefpunkt des Anpassungsprozesses erreicht ist und die expansiven Kräfte immer mehr die Oberhand gewinnen. In einigen Bereichen wird der Kapazitäts- und Beschäftigungsabbau zwar noch andauern, in anderen wird aber der Aufschwung kräftiger werden.

☐ 1992 ist damit zu rechnen, daß die ostdeutsche Wirtschaft – vom niedrigen Niveau aus – wieder kräftig wächst. Eine Wachstumsrate von rund zehn Prozent ist wahrscheinlich, während sie im Westen nach Jahren hoher Dynamik zwei Prozent nicht übersteigen wird.

☐ Damit der ostdeutsche Wachstumsprozeß mit der Zeit in einen sich selbst tragenden Aufschwung einmündet, müssen noch wichtige Strukturdefizite bereinigt werden. Dann bestehen mittelfristig günstige Perspektiven für einen Aufholprozeß auf breiter Front mit hohen Wachstumsraten und zunehmender Beschäftigung.

Der bekannte belgische Unternehmer *André Leysen,* als Mitglied des Verwaltungsrates der Treuhandanstalt ein Kenner der ostdeutschen Verhältnisse, hat kürzlich in einem Zeitungsinterview gesagt: „Persönlich gehe ich jede Wette ein, daß im Jahr 1995 dort Arbeitskräftemangel herrscht". Ich teile seine Einschätzung.

☐ Wir müssen uns allerdings daran gewöhnen, daß der Aufholprozeß regional mit unterschiedlicher Geschwindigkeit verläuft und allgemeine Durchschnittsvergleiche zwischen Ost und West immer weniger aussagekräftig werden.

☐ Der Ausbau der Infrastruktur, die Stadt- und Dorfsanierung, das Wohnungswesen, die Beseitigung der ökologischen Altlasten werden allerdings noch geraume Zeit in Anspruch nehmen. Die Bauwirtschaft wird deshalb über viele Jahre ein starker Wachstumsmotor sein.

☐ Wenn wir die Weichen weiter richtig stellen und die Bürger die Gleise auf der Fahrt in eine gedeihliche Zukunft nutzen, wird Ostdeutschland am Ende des Jahrzehnts ein blühendes Land mit modernster Wirtschaftsstruktur sein.

☐ Es gilt jetzt, die Chancen zu erkennen und zu nutzen, denn unsere neuen Bundesländer werden ein wichtiger und interessanter

Markt der Zukunft sein und zugleich eine Brücke zu den Märkten in Mittel- und Osteuropa.

Ich bin sehr zuversichtlich, daß dann die Soziale Marktwirtschaft eine weitere Bewährungsprobe bestanden haben wird – zweifellos ihre größte und schwierigste. □

# Sozialpolitik zur Unterstützung der Wirtschaftspolitik?

*Günter Nötzold*

*Ostdeutschland gilt vielen im Westen als bloßer „Scherbenhaufen", der schnell abgetragen werden muß, damit das Neue errichtet werden kann. Diese Vorstellung ist pauschal und fehlerhaft wie jedes Vorurteil. Sie ist aber auch wirtschaftspolitisch unklug, denn sie übersieht, daß ein Aufschwung, der sich selbst trägt und keine dauerhaften sozialpolitischen Alimentationen benötigt, nicht möglich ist, wenn die Ostdeutschen aus dem Aufbauwerk verdrängt werden. Das West-Ost-Gefälle in Deutschland kann nur beseitigt werden, wenn die Bürger in den neuen Ländern alle Mittel, über die sie verfügen, im marktwirtschaftlichen Sinne einsetzen.*

Sozialpolitik kann wohl kaum der Wirtschaftspolitik untergeordnet werden. Sie ist nicht der Erfüllungsgehilfe der Wirtschaftspolitik. Wirtschaft ist nicht Selbstzweck, sondern Mittel zum Zweck. Die wirtschaftlichen Tätigkeiten haben zuerst das Ziel, die materiellen und kulturellen Lebensbedingungen der Menschen zu sichern und zu verbessern. *Vilfredo Pareto* (1843–1923) spricht von der Wohlfahrtsfunktion der Wirtschaft.

Die sozialen Ziele bestimmen den ordnungspolitischen Rahmen für das Wirtschaften und sind der Maßstab für die Verteilung der Erträge. Es geht demnach um viel mehr als um Geld, um mehr als die Höhe und die Struktur von Einkommen, von Löhnen, Gehältern, Renten und Zuwendungen. Im Vordergrund jeder Sozialpolitik muß das Schaffen von Voraussetzungen stehen, unter denen Menschen ihre Persönlichkeit verwirklichen können. Es geht zuerst um das Selbstbewußtsein und um die Würde der Menschen.

Bei der Transformation von der Plan- zur Marktwirtschaft handelt es sich deshalb nicht zuerst um den Übergang zu einem effizienteren Wirtschaftssystem, sondern um das Schaffen von materiellen Voraussetzungen für mehr Wohlfahrt, um sozialen Fortschritt in diesem komplexen Sinn.

## Unerwartete soziale Belastungen nach der Vereinigung

Die Ostdeutschen haben das kommunistische System abgeschüttelt, weil ihnen dieses ihrem Denken und Fühlen fremde System die Bevormundung durch eine Parteiführung, Selbstverleugnung und permanente Mangelwirtschaft aufzwang. Sie haben den Beitritt zur Bundesrepublik erklärt, weil sie nach Deutschland zurückkehren wollten und demokratische und marktwirtschaftliche Verhältnisse als Voraussetzung ansahen, um sich zu verwirklichen. Sie sahen in Westdeutschland sowohl Freiheit und Freizügigkeit garantiert, als auch weit überlegene materielle und kulturelle Lebensbedingungen gesichert. Losungen wie „Wir sind ein Volk!" oder „Deutschland – einig Vaterland" waren Ausdruck des Willens, mit der Wiedervereinigung ohne Wenn und Aber die westdeutschen Lebensverhältnisse zu übernehmen.

Niemand hatte angenommen, daß die deutsche Vereinigung ohne Schwierigkeiten vollzogen werden kann, weil anstelle der alten politischen, rechtlichen und wirtschaftlichen Strukturen neue entstehen müssen, weil dieser Wandel neues Denken erfordert, weil der grundlegende Umbau der Gesellschaft mit einem erheblichen Lernprozeß verbunden ist, weil Millionen von Arbeitsplätzen in Frage gestellt werden und neue Inhalte und Organisationsformen der Arbeit entstehen.

Es gab auch keinen Zweifel, daß das umfangreiche System der Subventionen bei Preisen, Tarifen und Mieten beseitigt werden muß, daß ökonomisch richtige Bewertungen die Voraussetzung für größere wirtschaftliche Leistungskraft sind, daß die Geldeinnahmen mit den Leistungen korrespondieren müssen, daß wirtschaftlicher Fortschritt viel mehr Investitionen für die Erhaltung, Erneuerung und Erweiterung des Wirtschaftspotentials braucht.

Aber die sozialen Belastungen des Wandels sind weit größer, als sie erwartet wurden. Eine hohe und steigende Arbeitslosigkeit, langandauernde Unsicherheit um den Arbeitsplatz, schnell steigende Preise und Tarife für Güter und Leistungen des Grundbedarfs bei langsam steigenden, stagnierenden und teilweise auch sinkenden Einkommen werden von vielen Menschen als Verschlechterung ihrer Lebensbedingungen empfunden und haben erhebliche Frustrationen ausgelöst. Bei einer Umfrage erklärte mehr als die Hälfte der ostdeutschen Bevölkerung, daß sie mit den Veränderungen nicht zufrieden ist. Versuche, diese Belastungen durch statistische Kunstgriffe zu verschönen, vergrößern den Frust ebenso wie die Belehrung, daß es in Westdeutschland vierzig Jahre gedauert hat, bis der jetzige Wohlstand erreicht wurde und daß deshalb Maßhalten erforderlich sei.

Wenn man alle Erwerbstätigen zusammenzählt, die nach der politischen Wende ihren Arbeitsplatz verloren haben, ohne in einen neuen überwechseln zu können, ergibt sich eine Zahl von mehr als vier Millionen. Das sind neben den offiziellen Arbeitslosen die Kurzarbeiter, von denen der größere Teil in die Arbeitslosigkeit entlassen wird; das sind jene, die nach dem Verlust ihres Arbeitsplatzes in den Vorruhestand wechselten; jene, die zu Arbeitsplätzen in Westdeutschland pendeln und jene, die durch staatliche Arbeitsbeschaffungsmaßnahmen zeitweilig beschäftigt werden. Ende 1991 wird sich die Zahl der verlorenen Arbeitsplätze noch beträchtlich erhöhen, wenn mit der Auflösung der landwirtschaftlichen Produktionsgenossenschaften etwa eine halbe Million Bauern arbeitslos werden und wenn zahlreiche Kurzarbeiter endgültig in die Arbeitslosigkeit überwechseln. Dann werden mehr als fünfzig Prozent aller Erwerbstätigen den Arbeitsplatz verloren haben und sich damit ohne Chance sehen, sich zu verwirklichen.

## Neues entsteht nicht schon beim Abbruch des alten

Aus den unerwartet großen sozialen Lasten, die die politische Wende herbeigeführt hat und die die Menschen tragen müssen, leitet sich die Frage nach den Fehlern bei der Voraussicht ab. Nicht selten wird behauptet, daß diese Belastungen eine Folge des Entstehens marktwirtschaftlicher Verhältnisse sind. Neue und alte Ideologen sehen die Gebrechen des Kapitalismus hervortreten. Andere sind in Ratlosigkeit verfallen, und schließlich gibt es eine Gruppe, die die Ostdeutschen nicht als reif für den Übergang zur Marktwirtschaft ansieht.

In Wahrheit handelt es sich nicht um die Gebrechen der Marktwirtschaft oder des Kapitalismus, zumal sich in Ostdeutschland bisher noch kein funktionsfähiges marktwirtschaftliches System herausbilden konnte. Ebenso wenig ist richtig, daß den Ostdeutschen durch die lange Zeit der Diktatur und Planwirtschaft die Voraussetzungen fehlen, eine Marktwirtschaft zu gestalten.

Die entstandenen Schwierigkeiten sind in erster Linie Schwierigkeiten des Übergangs von der Plan- zur Marktwirtschaft. Sie resultieren aus einem erheblichen Defizit in der Erkenntnis der zu lösenden Aufgaben im Prozeß der Transformation. Für die notwendigen politischen Entscheidungen fehlt der erforderliche wissenschaftliche Vorlauf, und es fehlt an Bereitschaft, dieses Defizit zu erkennen. Nicht wenige Wissenschaftler sind der Auffassung, daß theoretisch kein Nachholbedarf besteht, weil hinreichend bekannt sei, wie eine Marktwirtschaft strukturiert sein muß. Danach genügt es, das kommunistische System zu beseitigen, das Rechtssystem Westdeutschlands zu installieren und auf die selbstheilenden Kräfte des Marktes zu warten.

Der *Schumpeter*sche Begriff von der „schöpferischen Zerstörung" ist in Mode gekommen. Das Zerstören des Vorhandenen wird als ausreichende Leistung angesehen, um das Entstehen des Neuen einzuleiten. In Wahrheit ist die Herausforderung wesentlich größer.

## Fehlende Konzeptionen für den Übergang

Es gibt keine Veranlassung, das kommunistische System mit dem in Ostdeutschland verfügbaren Wirtschaftspotential gleichzusetzen. Das System brach unter der schnell wachsenden Volksbewegung zusammen und mit ihm die Planwirtschaft. Das Humankapital ist von der zentralen Bevormundung und das fixe Kapital ist aus den Fesseln der Planwirtschaft befreit – wenngleich nach erheblicher Deformation. Aber mit dem Entstehen marktwirtschaftlicher Bedingungen und dem Wettbewerb werden, wie *Ludwig Erhard* formulierte, Kräfte geweckt, von denen die Schulweisheit nicht zu träumen wagte. Es gibt keine Veranlassung, die Menschen als ungenügend qualifiziert oder gar unbrauchbar für den Transformationsprozeß abzustempeln und in eine Zuschauerrolle zu drängen. Der Erfolg der Transformation wird in erster Linie dadurch bestimmt, wie es gelingt, auf dem Wissen, Können, Hoffnungen und Wünschen der Menschen aufzubauen, die sie herbeigeführt haben.

Es gibt auch keine Veranlassung, die vorhandenen Unternehmen und Einrichtungen generell als unbrauchbar zu bezeichnen und durch administrative Akte aufzulösen. Das Vorhandene wird unter den neuen Bedingungen durch den Markt neu bewertet, zu neuer Struktur gedrängt und vom planwirtschaftlichen Ballast befreit. Nach einer Schätzung des Zentrums für Internationale Wirtschaftsbeziehungen in Leipzig war nach der Wende mindestens ein Drittel der vorhandenen Unternehmen für die Marktwirtschaft brauchbar. Ein weiteres Drittel der Unternehmen war in den vergangenen Jahrzehnten erfolgreich an den Wirtschaftsbeziehungen mit Partnern in der Marktwirtschaft beteiligt, wenn auch unter dem Schutz des planwirtschaftlichen Protektionismus. Aber selbst innerhalb des planwirtschaftlichen Systems gab es Elemente des Marktes und natürlich des ökonomischen Denkens, die die bürokratischen Entscheidungen der Zentrale beeinflußt haben.

Es ist bedauerlich, daß nach der politischen Wende anstelle einer nüchternen Bestandsaufnahme es zu einer emotional verständlichen, aber sachlich fragwürdigen Bewertung des Wirtschaftspotentials in Ostdeutschland gekommen ist, die den Blick für die verfügbaren Leistungsstärken verstellt und die eigenen Quellen für künftige Leistungsentwicklung in Ostdeutschland verschüttet hat.

*Wolfram Engels,* der gewiß nicht im Verdacht steht, der DDR nachzutrauern, beklagte am 1. November 1991 in der Wirtschaftswoche, daß die westdeutsche Politik der Wirtschaftsintegration Ostdeutschlands „nicht nur alle Fehler der italienischen Mezzogiorno-Politik wiederholt, sondern noch ein paar weitere obenauf setzt." Er fügt hinzu: „Politiker der Koalition pflegen den Zusammenbruch der Wirtschaft im Osten damit zu begründen, daß hier die Hinterlassenschaften des Sozialismus zutage treten. Richtig daran ist, daß die geringe Produktion in der alten DDR die Schuld der Planwirtschaft war. Daß dieses Niveau aber nach der Währungsunion und Wiedervereinigung nicht gestiegen, sondern wie ein Stein gefallen ist, das kann man *Honecker* und Co. nicht mehr anlasten."

Warum *Engels* seine Kritik auf die Politiker der Koalition beschränkt, ist nicht zu erkennen. Nach der Wende in der DDR und nach dem Beitritt zur Bundesrepublik hat es nirgendwo grundlegend andere Haltungen zu den Herausforderungen der Transformation in Ostdeutschland gegeben, sie gab es nur bei einzelnen Politikern.

*Engels* kritisiert nicht das Entstehen, sondern das Ausbleiben von Marktwirtschaft aufgrund der massiven politischen Eingriffe in die Wirtschaft und damit das Ausbleiben einer richtigen Transformationspolitik. Das ist jedoch nicht nur den Politikern vorzuwerfen, solange die Wissenschaft keinen ausreichenden theoretischen Vorlauf für die notwendigen politischen Entscheidungen liefern kann. Es fehlt eine Transformationstheorie.

Der steile Abfall des Wirtschaftsniveaus nach dem Zusammenbruch des kommunistischen Systems in Ostdeutschland und in den anderen ehemals kommunistischen Ländern ist ganz wesentlich auf drei Punkte zurückzuführen:

☐ auf die Behauptung, daß das kommunistische Regime nur einen Scherbenhaufen hinterlassen habe, der es rechtfertige, vorhandene Leistungsstärken zu ignorieren;

☐ auf die Annahme, daß es genügen würde, die staatlichen und genossenschaftlichen Eigentumsformen per Dekret zu überwinden, um zu privaten Wirtschaftseinheiten zu gelangen, die sich dynamisch entwickeln;

☐ auf die Vorstellung, daß die in den westlichen Industrieländern entwickelte politische und rechtliche Ordnung der ehemaligen Diktatur und Planwirtschaft einfach übergestülpt werden kann.

## Grundzüge einer Transformationstheorie

Eine Transformationstheorie muß zuerst die sozialen Ziele bestimmen. Davon ausgehend wird die Frage nach dem verfügbaren Potential und nach den Lösungswegen zwingend. Das unzureichende Erfassen der Hoffnungen und Wünsche der Menschen, die mit dem Transformationsprozeß verbunden sind, die geringe Bereitschaft, das verfügbare Wirtschaftspotential zu erfassen, zu bewahren und als Grundlage für den Neubeginn anzusehen, hat den Übergang zu marktwirtschaftlichen Verhältnissen erheblich erschwert.

Die „Scherbenhaufenpolitik" entspricht zwar dem bekannten Ritual beim Machtwechsel, aber sie ist verhängnisvoll, weil sie auch Erhaltenswertes der Vernichtung preisgibt und vorhandene Ideen und Konzepte zur Transformation ignoriert. Sie hat Ostdeutschland in einem Maße an den Tropf Westdeutschlands gehängt, wie es nicht erwartet werden mußte.

Aus der Notwendigkeit, Erhaltenswertes zu erhalten, resultiert, daß der Eigentumswechsel keineswegs die erste der zu lösenden Aufgaben ist, zumindest nicht die erste Aufgabe der neuen Administration. Der Markt kann wesentlich besser beurteilen, zu welchem Zeitpunkt und wo sich staatliches oder genossenschaftliches Eigentum überlebt hat, als jede Administration, und er führt letztlich zur Privatisierung ohne politisches Gerangel, weil ökonomische Entscheidungen nicht durch politische Entscheidungen ersetzt werden.

In Ostdeutschland hat sich als besonders belastend erwiesen, daß der Einigungsvertrag die Rückgabe früher enteigneten Eigentums vor die Erneuerung der Wirtschaft stellte. Offenbar wurde nicht vorausgesehen, welche Woge von Restitutionsansprüchen über Ostdeutschland hinwegrollen und alle Ansätze von strukturverändernden Investitionen unter sich begraben würde. Mit dem „Enthemmungsgesetz" vom März 1991 wurde dieser Fehler bestätigt und zu korrigieren versucht. Aber diese Woge läßt sich nicht zurückrollen. Die ungeklärten Rückgabeforderungen sind noch immer das Haupthemmnis für die notwendigen Investitionen, weil es sich meist um komplizierte Verschachtelungen von Eigentumsansprüchen und eine unvollständige Aktenlage handelt. So kann sich weder der Immobilienmarkt noch der Kapitalmarkt entfalten.

Die Kritik am Überstülpen der westlichen Ordnung auf den Osten ist kein Plädoyer für einen dritten Weg. Zur Marktwirtschaft gibt es keine realistische Alternative. Aber wenn zuerst die sozialen Interessen der betroffenen Menschen zu berücksichtigen sind, dann steht ein Transformationsprozeß auf der Tagesordnung, der den Menschen in den Mittelpunkt rückt, seine Persönlichkeit und seine Würde. Es geht um eine Transformation, die die Selbstverwirklichung im Berufsleben, das Entstehen des Neuen und damit neuer Arbeitsplätze sichert, die den Menschen die Chance gibt, sich den neuen Herausforderungen zu stellen und ihnen Zukunftsgewißheit vermittelt.

Eine solche Ordnung verlangt, den Abbau der alten und den Aufbau der neuen Strukturen synchron zu gestalten. Das schließt Übergangshilfen und Investitionsförderungen gleichermaßen ein. Dabei sind Übergangshilfen besser marktkonform als durch administrative Entscheidungen zu gewähren. Dazu ist es jedoch erforderlich, die zentrale Verwaltung des staatlichen Eigentums durch Dezentralisierung zu ersetzen und die Unternehmen selbst zu Eigentümern des von ihnen genutzten Grund und Bodens und der darauf stehenden Anlagen zu erklären und an die Stelle der zentralen Planung eine dezentrale staatliche Aufsicht zu setzen, die die Aufnahme von privaten Beteiligungen und den Verkauf von staatlichen Unternehmen fördert. Mit Eigentümerfunktion ausgestattete Unternehmen können die Sicherheit für Kreditaufnahmen bieten, die für die Erneuerung eine entscheidende Voraussetzung sind.

Das Fehlerhafte der Vorstellung von einem ererbten Scherbenhaufen ist an zahlreichen Beispielen zu erkennen.

☐ Von einem Vertreter der Treuhandanstalt wurde festgestellt, daß gegenwärtig etwa siebzig Prozent der von dieser Anstalt verwalteten Unternehmen als brauchbar für die Marktwirtschaft eingestuft werden, darunter fünfzehn Prozent ohne Sanierungsbedarf. Von den restlichen dreißig Prozent bedürfen zwanzig Prozent eines erheblichen Sanierungsaufwandes, und nur zehn Prozent werden keine Chance haben. Das ist ein weit günstigeres Bild, als es vorher auch von der Treuhandanstalt gemalt wurde und als es nach der Wende im Zentrum für Internationale Wirtschaftsbeziehungen gesehen worden ist.

☐ Die vor allem im vergangenen Jahr häufig beklagte unzureichende Qualifikation der Ostdeutschen, in einer Marktwirtschaft zu leben und zu arbeiten, hat sich als völlig unbegründet erwiesen. Etwa 400 000 Existenzgründungen mit einer bisher geringen Zahl von Insolvenzen sind dafür ebenso ein Beispiel wie die erfolgreiche Mitarbeit in westdeutschen oder ausländischen Unternehmen, die in Ostdeutschland aktiv geworden sind. Die Arbeitskräfte, die in Zwickau den Trabant und in Eisenach den Wartburg bauten, waren sehr schnell in der Lage, Volkswagen- und Opel-Modelle in hervorragender Qualität herzustellen. Eine wachsende Zahl von ostdeutschen Unternehmen kann Marktanteile zurückgewinnen, weil es gelingt, die Erzeugnisqualität und die Verpackung zu verbessern und ein wettbewerbsfähiges Marketing zu entwickeln.

☐ Die Mehrzahl der Forschungsinstitute und der Vertreter der Wirtschaft sehen deutliche Zeichen des beginnenden Aufschwungs der Wirtschaft in Ostdeutschland. Für 1992 wird wieder mit Wirtschaftswachstum gerechnet, und niemand zweifelt daran, daß es innerhalb von wenigen Jahren zu einer Entwicklung kommen wird, die vor allem die südlichen Länder Ostdeutschlands wieder in eine Reihe mit den entwickelten Ländern und Regionen Deutschlands stellen wird. Schon jetzt ist sichtbar, daß es in Ostdeutschland zu modernen effektiven Lösungen kommt.

## Voraussetzungen für den kommenden Aufschwung

Trotz der Schwierigkeiten des Neubeginns, die den Menschen so große Belastungen aufbürden, ist die Perspektive günstig. Sobald es gelingt, die Unsicherheiten für die Investoren zu überwinden und damit die nach der Währungsunion entscheidende Voraussetzung für marktwirtschaftliche Verhältnisse zu schaffen, wird der erwartete Aufschwung in der ostdeutschen Wirtschaftsentwicklung beginnen. Dann kommt es zu dem erforderlichen Strukturwandel. Mit ihm ist das Entstehen neuer und interessanter Arbeitsplätze, ein Wirtschaftswachstum, mit dem auch die Löhne und Gehälter wachsen können, und die Verminderung des Gefälles in den materiellen und kulturellen Lebensbedingungen zwischen West und Ost verbunden.

Von entscheidender Bedeutung für das Gestalten des Strukturwandels und seiner Voraussetzungen wird jedoch das Miteinander der Deutschen aus West und Ost sein. Wenn es richtig ist, daß die Transformation von der Plan- zur Marktwirtschaft nicht nur ein ökonomischer und rechtlicher Prozeß ist, sondern von den Menschen für die Menschen gestaltet wird, dann ist auch richtig, daß es vor allem der Erfahrungen, der Qualifikation, der Ideen und der Motivation der Ostdeutschen bedarf, um diesen Prozeß erfolgreich zu gestalten. Das Know-how, die Solidarität und das Engagement der Westdeutschen muß vor allem darauf gerichtet sein, den Ostdeutschen zu helfen, sich in diesem Prozeß zu verwirklichen.

Das massenhafte Ausgrenzen der Ostdeutschen aus dem Prozeß der Entscheidungsfindung in der Wissenschaft, der Wirtschaft und im geistig-kulturellen Leben, die Ignoranz gegenüber der Besonderheit, daß in Ostdeutschland die Frauen eine wesentlich aktivere Rolle im gesellschaftlichen Leben gespielt haben als in Westdeutschland, zählen zu den wichtigsten Gründen für die entstandenen Schwierigkeiten und Frustrationen. Erst wenn es gelingt, eine wirkliche Gemeinsamkeit von Ost und West zu organisieren, kann es in Ostdeutschland zu einer überzeugungsfähigen Marktwirtschaft kommen, und erst dann können die Ostdeutschen entstehende Schwierigkeiten und Hemmnisse mittragen. Gelingt diese Gemeinsamkeit, dann wird es schnell vorangehen. In zehn Jahren muß das Gefälle von West nach Ost in Deutschland kein Thema mehr sein. □

# Leistungsfreude und Privatinitiative als Antriebskräfte des „Aufschwungs Ost"

*Hero Brahms*

„*Die Gesetzgeber hatten wohl Leistungsfreude und Privatinitiative im Auge, als sie den Auftrag der Treuhandanstalt formulierten: ‚Sie hat das ihr übertragene, bisher volkseigene Vermögen nach den Prinzipien der Sozialen Marktwirtschaft zu privatisieren, zu diesem Zweck die Wettbewerbsfähigkeit möglichst vieler Unternehmen herzustellen und zu einer effizienten Wirtschaftsstruktur beizutragen'. Der Treuhandanstalt wurden ungeheure Vermögenswerte anvertraut, damit sie schnell unternehmerisch aktive Eigentümer findet, die an ihre Stelle treten. Die Entstaatlichung des Wirtschaftslebens zwingt aber paradoxerweise dazu, in Art und Umfang einzigartige staatliche Eingriffe vorzunehmen. Das Ziel der Treuhandanstalt ist jedoch, sich so schnell wie möglich überflüssig zu machen.*"

„Aufschwung Ost" – dieser Begriff spiegelt Hoffnungen vieler Menschen ebenso wie ein einzigartiges nationales Leitmotiv wider. Es geht dabei um nicht mehr, aber auch nicht weniger, als darum, die gesamte Wirtschafts-, Rechts- und Sozialordnung in den neuen Bundesländern im positiven Sinne radikal zu verändern. Auch der Westen wird von diesen Veränderungen nicht unberührt bleiben.

Der Vereinigungsprozeß vollzog sich innerhalb kürzester Zeit mit einer revolutionären Dynamik, die alles, was wir an Strukturwandel kennen, in den Schatten stellt. Vorrangig im Osten Deutschlands finden in vielen Lebensbereichen gewaltige Veränderungen statt, die sich nach drei Ebenen differenzieren lassen: Veränderungen der Gesamtgesellschaft und -wirtschaft auf der Makroebene, Veränderungen in den Unternehmen und gesellschaftlichen Einrichtungen auf der Mesoebene und schließlich Veränderungen für den einzelnen Menschen auf der Mikroebene. Der Sturz der Mauer hat auf allen drei Ebenen Schnittflächen zur freiheitlich-demokratischen Welt und damit Ansatzpunkte zur Veränderung geschaffen.

Der „Aufschwung Ost" wird oft als gesamtgesellschaftliches bzw. gesamtwirtschaftliches Phänomen behandelt. Es darf aber nicht übersehen werden: Der Aufschwung läßt sich nicht einfach auf der Makroebene propagieren, sondern er bedarf der Antriebskräfte auf der Mikroebene; notwendig sind geeignete Rahmenbedingungen, in erster Linie aber Leistungsfreude und Privatinitiative des Individuums. Gerade die Mitarbeiter der Treuhandanstalt erleben tagtäglich, wie bedeutsam der Blick auf das Individuum und das einzelne Unternehmen für die Beurteilung und Prognose der Entwicklung ist.

Diese Perspektive führt unmittelbar zur Erkenntnis, daß es bei der Realisierung des „Aufschwungs Ost" nicht nur um Investitionsströme, sondern um Gedankengänge, Empfindungen und Werthaltungen vieler einzelner geht. Die Kernfrage muß demzufolge lauten: Wie muß man an die Mikroebene herangehen, damit sich auf der Makroebene der Erfolg einstellt?

## Motivation als Schlüssel zum Aufschwung

Grundeinstellung und Handeln des einzelnen Menschen müssen durch Leistungsfreude und Privatinitiative bestimmt sein, wenn sich der „Aufschwung Ost" auf breiter Front einstellen soll.

Leistungsfreude heißt, den Begriff „Arbeit" positiv zu besetzen, sich zielgerichtet an Ergebnissen zu orientieren, sich im Wettbewerb mit anderen zu messen, sich nicht mit Bestehendem abzufinden, sondern innovativ und engagiert nach neuen Wegen der Verbesserung zu suchen. Leistungsfreude heißt, nicht nur das Ergebnis, sondern den Prozeß selbst positiv empfinden zu können. Und oft bezieht sich Leistungsfreude nicht nur unmittelbar auf die eigene Leistung, sondern die im Zusammenwirken mit anderen Individuen gemeinschaftlich erbrachte Leistung.

Leistungsfreude geht Hand in Hand mit Privatinitiative. Gerade in den neuen Bundesländern hängt der Aufschwung entscheidend davon ab, daß der einzelne selbst tätig wird, anstatt – Fremdbestimmung und Bevormundung gewöhnt – in Warteposition zu verharren. Gefragt ist Aktion, nicht Reaktion. Wenn *Schumpeter* von einer schöpferischen Zerstörung spricht, so gründet sein Optimismus auf das schöpferische Element in der Privatinitiative des einzelnen.

Die Antriebskräfte des Aufschwungs zu identifizieren stellt jedoch nicht das eigentliche Problem dar. Dieses ist vielmehr darin zu sehen, daß von über 15 Millionen Menschen jeder einzelne einen Lernprozeß durchlaufen muß, jeder einzelne selbst motiviert sein muß, jeder einzelne die Sinnhaftigkeit von Leistungsfreude und Privatinitiative erkennen und akzeptieren muß. Daß es hier keinen Schalter gibt, den der – am besten westdeutsche – Aufschwungstratege einfach umdrehen könnte, liegt auf der Hand. Um überhaupt auf eine Neuorientierung des einzelnen hinwirken zu können, muß man sich mit dessen Situation, mit dem Erbe der Planwirtschaft sowie mit der Wahrnehmung der Wiedervereinigung aus Sicht des ostdeutschen Bürgers beschäftigen. Diese Hausaufgaben kommen insbesondere im Westen Deutschlands vielfach zu kurz.

Die Kennzeichen und damit das Erbe autoritärer Planwirtschaften sind bekannt:
☐ völlig überholte Strukturen und Produktionsweisen,
☐ Produktion und Bewertung von Leistungen unabhängig von Knappheitsverhältnissen,
☐ ein Kapitalstock in den Unternehmen und eine Infrastruktur, die sich am Rande der technischen Funktionsfähigkeit bewegen,
☐ staatlicher Dirigismus und damit zeitraubende bürokratische Abstimmungsprozesse in allen Lebensbereichen,
☐ Abschottung von den Weltmärkten und der internationalen Arbeitsteilung,
☐ unverantwortlicher Umgang mit Ressourcen und der Umwelt,
☐ zerrüttete Eigentums- und Rechtsordnung.

Diese Schäden auf der Makroebene sind zwar katastrophalen Ausmaßes, sie alleine ließen sich jedoch durch den Einsatz von Kapital sowie die Schaffung geeigneter politischer und institutioneller Rahmenbedingungen beheben. Viel schlimmer und nachhaltiger wirkt das Erbe der autoritären Planwirtschaft jedoch auf der Mikroebene, auf den einzelnen Menschen. Die staatliche Planwirtschaft förderte einen bestimmten Typus des Denkens: ein unselbständiges, partielles und am staatlich propagierten Gleichheitsideal orientiertes Denken. Dabei darf man nicht vergessen: Zu den 44 Jahren sozialistischer Belastung sind zwölf Jahre nationalsozialistischer Diktatur hinzuzurechnen. Die Folge: Gleich zwei Generationen „gelernter Hilflosigkeit". Mit dem Fall der Mauer fiel auch die Unterdrückung von Eigeninitiative, Leistungsbereitschaft, Kreativität und individueller Verantwortung. Das heißt aber leider nicht, daß den Menschen diese Eigenschaften von heute auf morgen wieder zugänglich sind. Jahrzehntelange Bevormundung, Identitätszerstörung und Unselbständigkeit wirken nach.

## Die subjektive Seite der Vereinigung: Unsicherheit und Angst

Den Menschen in Ostdeutschland, die auf diese Weise dem Experimentierfeld des Sozialismus überlassen waren, stellte sich das Leben in einer freiheitlichen Demokratie als Utopie dar. Widerspruch oder Abwanderung war ihnen durch den Eisernen Vorhang prohibitiv erschwert. Die Bundesministerin für Frauen und Jugend, *Angela Merkel,* drückt aus, welche Wünsche und Hoffnungen mit der unerwarteten Wiedervereinigung einhergingen: „Frei reisen; Zeitungen ohne Zensur lesen; Geld verdienen, mit dem man etwas kaufen kann; ein Leben führen, in dem das Wort ‚Zukunft' Sinn hat; ein Leben, in dem nicht Bevormundung, Anpassung und Angst im Vordergrund stehen". Im Grunde genommen handelt es sich dabei um nichts anderes als ein „normales" Leben.

In der Wahrnehmung vieler ostdeutscher Bürger führte die Wiedervereinigung zu fundamental anderen Ergebnissen: Die Menschen sahen sich schockartig in eine Krise geworfen, für deren Ausmaß es in Friedenszeiten keine Parallele gibt. Die wirtschaftliche Krise in Ostdeutschland übertrifft zwar jeden Pessimismus, wäre aber für sich genommen lediglich eine dramatische Anpassungskrise, der sich mit Zuversicht begegnen ließe. Sie wird gegenwärtig jedoch durch eine psycho-soziale Krise überlagert, die äußerst ernst zu nehmen ist. Ohne Zweifel haben sich die materiellen Lebensverhältnisse bedeutend verbessert, in der subjektiven Wahrnehmung allerdings dominieren vielfach andere Faktoren. Es gibt erhebliche Schwierigkeiten, sich mit dem Neuen zu arrangieren, plötzlich in einer freien, offenen Gesellschaft zu leben, die in ihrer Vielfalt hochkomplex ist, die Freiheit unmittelbar mit Verantwortung verbindet und vom einzelnen die Bereitschaft erwartet, die eigene Zukunftsgestaltung selbst in die Hand zu nehmen.

Die dramatischen Veränderungen des persönlichen Umfelds und damit die Ängste vieler ostdeutscher Bürger werden im Westen unterschätzt. Unsicherheiten und Ängste hinsichtlich des Arbeitsplatzes, der materiellen Sicherheit und der persönlichen Zukunft sind weit verbreitet. Das Unverständnis vieler „Besserwessis" führt zu einem Gefühl der Ohnmacht gegenüber der „Kolonialisierung"; Selbstwertgefühl, Selbstvertrauen, angestammte Bindungen und das vertraute Umfeld gehen in weiten Teilen verloren. Die individuelle Vergangenheit wird ausgelöscht. Es findet, wie eine ostdeutsche Autorin schreibt, ein regelrechter „Blitzkrieg gegen die Erinnerung" statt. Die Menschen stehen benommen vor ihrem ausgetauschten Alltag. Buchstäblich alles ist anders. Sie sind in einem anderen Land gelandet, ohne sich von der Stelle gerührt zu haben.

Viele, vor allem junge Menschen, sind in dieser Lage potentiell empfänglich für einfache Lösungen. Sie resignieren, schotten sich nach außen ab oder sehnen sich nach klaren Vorgaben. Die gewalttätigen Ausschreitungen der vergangenen Monate gegen Ausländer sind nur ein Hinweis dafür. Daß dieses Klima Leistungsfreude und Privatinitiative nicht gerade fördert, liegt auf der Hand. Der „Aufschwung Ost" kann daher nur Erfolg haben, wenn es gelingt, den psycho-sozialen „Abschwung Ost" zu überwinden!

## Wirksame Hilfen benötigen richtige Rahmenbedingungen und Geduld

Diese Herausforderung zu bewältigen, sind zum einen die Anstrengungen auf den einzelnen Menschen zu konzentrieren, zum anderen muß die Bereitschaft bestehen, Zeit für Veränderungsprozesse zu gewähren.

In der modernen Unternehmensführung spielt die Motivation durch Mitwirkung eine entscheidende Rolle. Es gilt das Grundprinzip, Betroffene zu Beteiligten und Beteiligte zu Betroffenen zu machen. Es darf folglich keine Adaption der ostdeutschen Bürger an westliche Muster erzwungen werden, vielmehr sind Prozesse der aktiven Bewußtwerdung und bewußten Änderung – Prozesse von Versuch und Irrtum – zuzulassen und zu fördern. Die Betroffenen sollten nach Möglichkeit aktiv an gesamt- und einzelwirtschaftlichen sowie an staatlich administrativen Entscheidungsprozessen teilnehmen. Sie müssen die Chance und damit die Zeit erhalten, die „gelernte Hilflosigkeit" abzuarbeiten. Dabei darf man sich nicht darüber hinwegtäuschen, daß ein echtes Zusammenwachsen und die Beseitigung des sozialistischen Erbes in den Köpfen der Menschen noch Generationen benötigen wird. Es sei nur in Erinnerung gebracht, daß auch der Wertewandel im Westen Jahrzehnte benötigte.

Beteiligte zu Betroffenen zu machen heißt, auch den westdeutschen Bürger weitergehend in das Aufbauwerk einzubinden als nur über den Solidaritätszuschlag, den er auf dem Gehaltsstreifen findet. Im Westen wäre mehr Verständnis für die psychischen Nöte der ostdeutschen Bürger wünschenswert. Auch liegt es am Westen, Vorbild zu sein und Leistungsfreude und Privatinitiative zu zeigen. Gerade die Treuhandanstalt ist dringend auf westliche Hilfe angewiesen; allerdings muß diese Hilfe informieren, überzeugen, einfühlsam vorgehen und frei von Arroganz sein.

Eine positive, Leistungsfreude und Privatinitiative förderliche Grundhaltung setzt geeignete Rahmenbedingungen voraus. Hier sind auf der Aktivseite der Einigungsbilanz ohne Zweifel eine ganze Reihe wesentlicher Erfolg zu verbuchen:

☐ Es wurde ein bewährter gesetzlicher und institutioneller Rahmen etabliert.

☐ Die Administration ist zunehmend funktionsfähig, ein Netz von Kammern und Verbänden befindet sich im Aufbau.
☐ Der Osten Deutschlands hat massive Finanztransfers empfangen, die jetzt hoffentlich in investive Verwendungen fließen.
☐ Alle Beteiligten gewinnen zunehmend Erfahrungen und Sicherheit in der Entstaatlichung des Wirtschaftslebens.
☐ Eine Vielzahl von Privatisierungen, die Anwerbung ausländischer Investoren, eine regelrechte Gründungswelle und damit einhergehende Investitionen in Milliardenhöhe tun ein übriges für das wirtschaftliche Klima.

Die Fundamente für eine wirtschaftliche Erholung sind gelegt. Es gilt jetzt, die wirtschaftliche Bedeutung des Staates weiter zurückzudrängen und durch die Koordination dezentraler Entscheidungen einer Vielzahl souverän handelnder Individuen über den Markt zu ersetzen. Dabei spielt nicht nur die Einstellung der Menschen auf die neue Ordnung, sondern auch der Aufbau eines effizienteren Kapitalstocks sowie die volle Integration in die internationale Arbeitsteilung eine entscheidende Rolle.

## Strategien für den Strukturwandel

Ohne Zweifel ist ein funktionsfähiger Wettbewerb für die Nachhaltigkeit des „Aufschwungs Ost" von ausschlaggebender Bedeutung. Doch kann es angesichts der besorgniserregenden Beschäftigungssituation keine Diskussion darüber geben, daß die marktwirtschaftliche Effizienz in einem harmonischen Wechselverhältnis mit dem sozialen Ausgleich stehen muß. In der Übergangsphase bedarf die Systemkonversion einer Ergänzung durch marktkonforme Stabilisierungs- und Anpassungsmaßnahmen in erheblichem Umfang. Der bisher erreichte Umfang zeigt sich beispielsweise deutlich auf dem Arbeitsmarkt: Von ursprünglich 8,8 Millionen Beschäftigten waren Ende November 1991 rund eine Million arbeitslos; ohne beschäftigungspolitische Maßnahmen wären es vermutlich weit über drei Millionen.

Falsch wäre es jedoch, eine Politik der Strukturerhaltung zu betreiben und ein übergroßes, dauerhaft sicheres Dach staatlicher Sozialleistungen zu schaffen – dies wäre allenfalls der sichere Weg, das Vorwärtsstreben des einzelnen zu unterbinden. Entsprechend falsch wäre es, den betriebswirtschaftlich notwendigen Beschäftigungsabbau auszusetzen oder eine vermeintliche Angleichung der Lebensverhältnisse in Ost und West über zu schnelle Lohnerhöhungen zu erzwingen. Erfolg will hart verdient sein, und dies geschieht nicht aus einem Ruhepolster heraus, das manch einer mit sozialer Abfederung verwechselt.

Die Schaffung von Rahmenbedingungen und die strategischen Entscheidungen in Politik und Wirtschaft orientieren sich am besten am Leitsatz: „Schutzwürdig sind nicht alte Strukturen, sondern die vom Strukturwandel betroffenen Menschen!"

## Auftrag und Arbeit der Treuhandanstalt

Die Privatisierung bringt als Zündfunke Dynamik in den „Aufschwung Ost", sie ist und bleibt zu Recht wichtigste Dienstleistung der Treuhandanstalt. Sie bildet den Dreh- und Angelpunkt für die Durchsetzung von Leistungsfreude und Privatinitiative bei Unternehmern und Beschäftigten gleichermaßen. Der Wettbewerb, dem die Unternehmen ausgesetzt sind, bedingt harte Einschnitte, letztlich aber bietet nur dieser unternehmerische, vorwärts gerichtete Weg Gewähr für die Existenzfähigkeit der Unternehmen und damit für die Sicherheit der Beschäftigung.

Der oft geäußerte Vorwurf des Ausverkaufs läßt sich angesichts bisheriger Erfolge leicht entkräften. Für die Menschen in Ostdeutschland betreibt die Treuhandanstalt keine Verkaufspolitik, sondern eine aktive Einkaufspolitik:

☐ Über die Privatisierung sorgt sie für unternehmerisches Management, technisches Know-how, Vertriebswege und letztlich Märkte.
☐ Sie handelt Beschäftigungszusagen aus und garantiert damit den Erhalt und die Schaffung wettbewerbsfähiger Arbeitsplätze.
☐ Sie hat bis November 1991 mit Investitionszusagen von fast 100 Milliarden DM das größte Investitionsprogramm der Geschichte angestoßen, ohne dem Staat die Verantwortung für einzelne Investitionsentscheidungen aufzubürden. Diese werden nach betriebswirtschaftlichen Kriterien von einer Vielzahl einzelner Unternehmer getroffen.
☐ Die Internationalisierung der ostdeutschen Wirtschaft schreitet erfolgreich voran:
Verbunden mit Investitionszusagen von über acht Milliarden DM haben ausländische Investoren rund 220 Unternehmen gekauft. Diese Zahlen sprechen für sich, wenn man sie mit den ausländischen Direktinvestitionen in die Bundesrepublik Deutschland in der Vergangenheit vergleicht: 1990 umfaßten diese nur 2,5 Milliarden DM.
Die Bedeutung der Privatisierungsarbeit der Treuhandanstalt für den „Aufschwung Ost" läßt sich an den Ergebnissen bereits privatisierter Unternehmen ablesen. Umfragen wirtschaftswissenschaftlicher Institute belegen, daß Impulse für die erfolgreiche Restrukturierung und Belebung der ostdeutschen Wirtschaft vor allem von bereits privatisierten Unternehmen ausgehen. Der Anteil privatisierter Unternehmen, die ihre Auftragslage als gut bewerten, ist etwa doppelt so hoch wie der von Treuhand-Unternehmen. Auch ist der Anteil expandierender Unternehmen signifikant höher. Bei Rationalisierungsmaßnahmen und Investitionen in neue Anlagen sind bereits privatisierte Unternehmen den Treuhand-Unternehmen weit voraus.
In einem sind sich die Investoren einig: Überall dort, wo die Weiterentwicklung des Unternehmens gesichert ist, wo neue

Eigentümer die Geschicke in die Hand genommen haben und die Produktion neue Märkte findet, treffen sie auf ebenso gut motivierte und leistungswillige Belegschaften wie in den alten Bundesländern. Befürchtungen, mit westlichen Leistungsanforderungen bei vielen der neuen Mitarbeiter in Ostdeutschland auf Schwierigkeiten zu stoßen, haben sich keineswegs bestätigt.

Selbstverständlich hat es am Anfang Umstellungsprobleme und auch Leistungsängste gegeben, inzwischen sind diese jedoch überwunden. Klare Zielvorstellungen und Perspektiven haben es schnell ermöglicht, an das westdeutsche Leistungsniveau anzuknüpfen.

Noch ausgeprägter ist der Wille zur Leistung dort, wo ehemalige Führungskräfte von Betrieben, Ingenieure, Handwerker oder Universitätsangehörige den Sprung in die Selbständigkeit gewagt haben. Hierunter fallen Neugründungen und Management-buy-outs gleichermaßen. Die Treuhandanstalt fördert Management-buy-outs nach Kräften, und die Zahl von fast 900 Transaktionen dieser Art bis zum Jahresende 1991 ist beeindruckend – zumal dieser Begriff in der Bundesrepublik vor wenigen Jahren noch ganz unbekannt war.

Gegenwärtig gerät die Treuhandanstalt deutlich in eine dritte Phase ihrer Tätigkeit, in der die Entwicklung kreativerer Formen der Privatisierung gefragt ist. So setzt sie beispielsweise auf die Initiative von Banken und professionellen Finanzinvestoren, die Unternehmen zum Teil paketweise übernehmen, um sie unabhängig von der Treuhandanstalt zu sanieren und anschließend weiter zu veräußern. Ferner ist sie bestrebt, Investmentbanken intensiver einzubeziehen und ihr Angebot an Unternehmen stärker maßzuschneidern, um das hohe Privatisierungstempo zu halten. Die Entflechtung intransparenter Kombinatsstrukturen bringt eine Vielzahl zusätzlicher Kaufinteressenten. Alles in allem: Die Privatisierung ist und bleibt Fundament und Motor für den „Aufschwung Ost".

## Zur Konzeption der „aktiven Sanierungsbegleitung"

Der „Aufschwung Ost" kann nicht im Urknall-Verfahren gelingen. Die sofortige Privatisierung aller Unternehmen wäre reines Wunschdenken. Den grundsätzlich am Markt überlebensfähigen Unternehmen ist die Chance zu geben, sich zu entfalten und neu auszurichten. Entsprechend gebietet es die Verantwortung des Eigentümers, grundsätzlich sanierungswürdige und privatisierbare Unternehmen gegebenenfalls über längere Frist konstruktiv zu begleiten. Die Treuhandanstalt nennt dies „aktive Sanierungsbegleitung".

Der Begriff „aktive Sanierungsbegleitung" ist kein Deckmantel, unter dem die alte Staatswirtschaft fortgesetzt wird. Strukturerhaltungspolitik ist nicht Auftrag der Treuhandanstalt. Sie begleitet die Sanierung von Unternehmen nur aktiv, sofern begründete Aussicht auf einen späteren Käufer besteht; sie weigert sich jedoch, langfristig ineffiziente Unternehmen zu erhalten.

Das Privatisierungsziel muß stets präsent sein, Hilfe durch die Treuhandanstalt kann nur Anschub- oder Überbrückungshilfe sein. Ganz wesentlich ist, daß die Beteiligungsunternehmen gezwungen werden, sich an den Knappheitsverhältnissen zu orientieren und ihre Produktivität notfalls durch einschneidende Maßnahmen anzupassen. Alles andere wäre unverantwortliche Schönfärberei gegenüber den betroffenen Menschen. Die notwendige Einstellung auf die neue Ordnung gelingt nur, wenn man die Menschen nicht im Irrglauben beläßt, sondern – oft schmerzliche – Wahrheiten bekennt.

Frau *Breuel* hat bereits Jahre vor der Wiedervereinigung ein Bekenntnis formuliert, das unverändert Gültigkeit besitzt: „In einer modernen Industriegesellschaft kann der Staat nicht immer tatenlos zuschauen, wenn ganze Industriezweige derart in Schwierigkeiten geraten, daß sie vom Untergang bedroht sind. Eine soziale Flankierung, zeitlich befristete Hilfen bei der Neustrukturierung können vertretbar sein, wenn bei realistischer Einschätzung Zukunftsaussichten bestehen. Die eigentlichen ordnungspolitischen Sündenfälle finden allerdings dann statt, wenn Fristen aus Mangel an politischem Mut mit leichter Hand leichtsinnig verlängert werden."

Wichtig erscheint in der Tat, daß derartige Hilfsmaßnahmen allenfalls flankierend sein können und zeitlich zu befristen sind. Ansätze wie beispielsweise die Verlängerung der Kurzarbeiterregelung oder der Versuch, Beschäftigungsgesellschaften en gros langfristig im Wirtschaftsleben zu etablieren, sind mit äußerster Skepsis zu betrachten. Dasselbe gilt für die Forderungen nach einer Treuhand-Industrieholding oder nach aktiver Industriepolitik: Hier werden Schlagworte propagiert, mit denen den Menschen vorgegaukelt wird, daß der Staat kann, was Unternehmer nicht können, nämlich unrentable Betriebe über Wasser zu halten.

Der „Aufschwung Ost" steht und fällt mit einer Vielzahl dezentraler Einzelentscheidungen. Daraus folgt konsequent, daß Träger der Sanierung nicht sofort privatisierbarer Unternehmen allein das Management vor Ort und Aufsichtsräte dieser Unternehmen sein können. Die Treuhandanstalt legt daher größten Wert auf die Qualität der Führungsmannschaften und ist in diesem Zusammenhang bestrebt, das Wissen, Können und die Fachkompetenz der Manager aus den alten und neuen Bundesländern zu verzahnen. Hier findet sich eine wichtige psychologische Komponente, was die Einstellung auf die neue Ordnung und gleichsam das Zusammenwachsen der Bundesrepublik Deutschland im „Aufschwung Ost" anbelangt. Die Mitglieder der Aufsichtsorgane helfen bei der Auswahl des Managements, stehen diesem als engagierte Sparringspartner zur Verfügung, bringen Berufserfahrung von unschätzbarem Wert ein, stehen als Mittler und Informationsträger zwischen Unternehmen und Treuhandanstalt und damit nicht zuletzt als Mittler zwischen Ost und West.

„Aktive Sanierungsbegleitung" heißt zum einen, die Beurteilungsfähigkeit der Treuhandanstalt selbst auf einem hohen Stand zu halten, zum anderen, die Einstellung der Menschen auf die marktwirtschaftliche Ordnung zu fördern und Anreize zu geben, die Verfolgung zeitlicher und inhaltlicher Ziele zu sichern. Anreize sind beispielsweise denkbar in Form von Incentive-Programmen für die Führungskräfte von Beteiligungsunternehmen. Selbstverständlich arbeitet derjenige, dessen Dotierung und Zukunft eng mit der Entwicklung seines Unternehmens verknüpft ist, anders als derjenige, der monatlich den sicheren Scheck einreicht. Die Treuhandanstalt baut zur Zeit einen Managementpool auf, um erstklassige Sanierer als Krisenteams oder Zeitmanager vor Ort einsetzen zu können.

Bald nach Gründung der Treuhandanstalt wurden alle Unternehmen aufgefordert, Konzepte einzureichen, die Aussagen zur Marktposition sowie zur Erlös-, Kosten- und Liquiditätsentwicklung enthalten. Diese Konzepte wurden im Dialog mit dem Management sowie mit Unternehmensberatern, Aufsichtsorganen und Mitarbeitern der Treuhandanstalt diskutiert, überarbeitet und beurteilt. Diese Konzepte sind nicht nur als Planungs- und Entscheidungsgrundlage wertvoll, sie verkörpern zugleich ein außergewöhnliches Schulungsprogramm in Sachen Marktwirtschaft. Viel Wunschdenken war dabei auf den Boden der Realität zurückzuführen. Insgesamt aber bestätigt sich: Der Sozialismus hat es trotz aller Bemühungen nicht vermocht, Individualität und Vorteilsstreben – die Grundlagen für Leistungsfreude und Privatinitiative – auszuräumen.

Es gilt jetzt, diese Antriebskräfte zu fördern, um einen breit angelegten, sich selbst tragenden „Aufschwung Ost" zu erreichen. *Ludwig Erhard* hatte dies wohl im Sinn, als er 1953 formulierte: „In politischer, wirtschaftlicher und menschlicher Beziehung wird die Wiedervereinigung Deutschlands Kräfte freimachen, von deren Stärke und Macht sich die Schulweisheit der Planwirtschaftler nichts träumen läßt." □

# Der deutsche Vereinigungsprozeß: Zwischen Transformation und Integration

*Arnold Meyer-Faje*

---

*Im deutschen Vereinigungsprozeß wird die Komplexität der Sozialen Marktwirtschaft deutlich wie selten. Das Ziel der Transformation ist vor allem ein ökonomisches: Es geht um „Wohlstand für alle". Um dieses Ziel zu erreichen, sind Leistungs- und Risikobereitschaft unabdingbar. Sie entwickeln sich nur, wenn die angestrebten ökonomischen Erfolge sichtbar sind oder sicher erwartet werden können. So muß zum ökonomischen Sachverstand und zum überlegten politischen Vorgehen psychologisches Einfühlungsvermögen treten. Selbstverständlich müssen auch die entsprechenden technischen, betriebswirtschaftlichen und pädagogischen Qualifikationen vermittelt werden. Die Rechtsordnung darf keine Hindernisse für wirtschaftliche Initiativen auftürmen, aber dennoch muß sie unlauteres Engagement unterbinden. Ebenso wichtig ist die Sozialordnung: Sie muß Existenzsicherheit schaffen, ohne die Leistungsmotivation einzuschränken.*

---

„Erfahrungen der Deutschen beim Systemwechsel" – Eine Sache „erfahren" heißt dem Wortsinn nach, in tätiger Auseinandersetzung durch sie zu lernen. Erfahrung ist ein Prozeß, in dem sich der Lernende und das Lehrobjekt in kontinuierlicher Veränderung gegenüberstehen. Es bedarf oft einiger, manchmal vieler Jahre, bis man handlungsrelevant auf Erfahrungen bauen darf. Hinsichtlich der deutschen Vereinigung stehen wir aber erst am Anfang des Erfahrungsprozesses. Die Gefahr besteht, daß wir uns, weil manches bisher anders lief, als es erwartet wurde, durch Pseudo-Erfahrung im Vertrauen in die analytische Vernunft der Ökonomen und im erforderlichen Optimismus beirren lassen.

Mit vier Kernfragen, so scheint mir, läßt sich das Koordinatensystem, innerhalb dessen sich der Vereinigungsprozeß ereignet, in Rückblick und Ausblick thematisieren:

☐ Was macht das Gemeinsame, was das Unvergleichbare der deutschen Wirtschaftswenden 1948 und 1989/90 aus?

☐ Welches sind die konstitutiven, welches die regulativen Hauptaufgaben?

☐ Welches sind die gesellschaftlichen Nebenbedingungen des Transformationsprozesses?

☐ Welche Herausforderungen erfährt die deutsche Marktwirtschaft als Soziale Marktwirtschaft durch die Transformationsaufgabe?

## Gemeinsames und Unvergleichbares 1948 und 1989/90

Beiden „Wenden", 1948 und 1989/90, ist eine großartige Gemeinsamkeit eigen: das Geschenk der Freiheit nach einer dunklen Periode der Knechtschaft. Dabei erscheint es mir unerläßlich, hervorzuheben, daß nicht nur die Nachkriegsordnung in Westdeutschland von Persönlichkeiten wie *Röpke, Eucken, Erhard, von Hayek* als Alternative zu staatlicher Bevormundung der Wirtschaftssubjekte entworfen worden ist, sondern daß es *Adam Smith* war, der in einer marktwirtschaftlich verfaßten Grundordnung den einzigen Ausweg sah, den „Seilschaften" – damals denen des britischen Merkantilismus – den Garaus zu machen.

*Müller-Armack* meinte gezielt die sozialistische Planwirtschaft, als er 1949 schrieb: „Wir wissen heute wieder um die Freiheit, die jeder Gegenwart gewiesen ist. Befähigt, sich neu zu entscheiden, bisher ungeahnte Ideen ins Spiel zu bringen und sich vom Zwange des Vergangenen zu lösen, gibt uns die Gegenwart eine mögliche Freiheit, die, mögen wir sie nutzen oder nicht, die Substanz der Geschichte bedingt und ihrer Deutung einen neuen Weg weist."[1] Die in diesem Zusammenhang von *Müller-Armack* prophetisch als in den letzten Zügen liegend erkannte marxistische Idee einer materialistisch-dialektischen Geschichtsmechanik gibt in der sanften Revolution der DDR 1989 und in den Moskauer Ereignissen im Sommer 1991 vollends ihren Geist auf.

Es darf uns nicht entmutigen, wenn wir darüber hinaus, im Detail und konkret, recht wenig Parallelen zwischen 1948 und 1989/90 finden können. Für Westdeutschland – 1948 trotz gemeinsamer Wirtschaftsverwaltung noch aus den drei Westzonen bestehend – ergab sich politisch wie wirtschaftlich alsbald die Einheit von Staatsraum und Wirtschaftsraum als Parameter. Für die Bundesrepublik Deutschland ist im Jahre 1990 die Integration zweier völlig anders orientierter Staats- und Wirtschaftsräume letztlich Finalziel, das dem ökonomischen Transformationsprozeß übergeordnet ist.

Auch die eigentliche Initiierung des ökonomischen Transformationsprozesses ist 1991 eine ungleich schwierigere und heterogenere als 1948, denn von 1933 bis 1945 blieben wichtige Restbestände von Marktwirtschaft unangetastet. Vor allem war der indu-

---

1 *Alfred Müller-Armack,* Diagnose unserer Gegenwart, 2. Auflage, Bern und Stuttgart 1981, Seite 339.

strielle Kapitalstock in Westdeutschland trotz der verheerenden Kriegseinwirkungen noch in wichtigen Teilen intakt. Marktwirtschaftliches Bewußtsein und damit verbundenes erprobtes Handlungswissen hatten latent die nationalsozialistische Herrschaftsperiode überdauert. Der westdeutsche Unternehmer konnte, grob formuliert, mit dem Stichtag der Währungsreform die Ärmel hochkrempeln und ohne größere Schwierigkeiten ans Werk gehen.
Die Erben vierzigjähriger sozialistischer Zwangsherrschaft haben weitaus größere Schwierigkeiten zu bewältigen:
☐ Die immaterielle Infrastruktur wurde von Grund auf sozialistisch umfunktioniert und erweist sich deshalb trotz mancher (vordergründig auch tatsächlich feststellbarer) Errungenschaften im sozialen, naturwissenschaftlichen und beruflichen Bereich als Ganzes für eine freie Marktwirtschaft ungeeignet.
☐ Die Neuorientierung verlangt die Aufarbeitung der sozialistischen Bewußtseinsbildung. Diese wird dadurch erschwert, daß das sozialistische Bewußtsein ein Zerrbild von Marktwirtschaft impliziert. Die Marktwirtschaft wurde als kruder Kapitalismus zum Feindbild stilisiert. Gespenster haben bekanntlich ein zähes Leben, vor allem aber können sie bei demagogischem Bedarf schnell erweckt werden.
☐ Die materielle Infrastruktur im makroökonomischen Sinn – der Zustand von Straßen, Krankenhäusern, Wohnungen, Kommunikationsnetzen etc. – ist 1989/90 völlig marode; die betrieblichen Infrastrukturen sind nicht nur auf andere Zielbestimmungen hin angelegt, sondern weitgehend veraltet und verschlissen. Von dem 1989 in den neuen Bundesländern bestehenden Kapitalstock in Höhe von 1,75 Billionen DM müssen nach Auffassung des Ost-Berliner Instituts für angewandte Wirtschaftsforschung 67 Prozent abgeschrieben werden. Daraus folgt, daß mindestens eine Billion DM in den neuen Bundesländern investiert werden müßten, um materiell den Status quo zu innovieren.
Leider ist auch ist diese gewaltige Summe nur Ergebnis einer

schönfärbenden Berechnung, denn erstens ist, was in die Statistik als zu einem Drittel funktionsfähig eingeht, in Wirklichkeit nicht mehr zu gebrauchen, sprich: Schrott. Zweitens benötigt ein Kapitaltransfer in dieser Höhe – kommt er überhaupt in Fluß – Zeit, in der sich der Kapitalstock der westdeutschen bzw. europäischen Wirtschaft ebenfalls erneuert und erweitert. Somit ist die innerdeutsche Transformationsaufgabe – anders als 1948 – mit einem Hase-Igel-Syndrom belastet. Der Aufschwung in Ostdeutschland kann aber nur gelingen, wenn Rückstände im Kapitalstock nicht nur aufgeholt werden, sondern zur Spitze aufgeschlossen wird.

Der höchstentwickelte Technologiestandard ist gerade gut genug. Der Zusammenfall der Transformationsaufgabe mit dem anstehenden EG-Binnenmarkt und die Umbrüche in der Sowjetunion akzelerieren den Zeitdruck, erhöhen den Finanzbedarf und forcieren die High-Tech-Investitionsstrategie.

☐ Der ostdeutsche Unternehmer muß sich, anders als zur Zeit des westdeutschen Aufbruchs nach 1945, zunächst selbst entdecken lernen. Seine Vorgängergeneration, die besonders in Sachsen und Thüringen in einer dichten Tradition deutscher Industriekultur stand, wurde vor vierzig Jahren ausgeschaltet, verfemt, zur „Republikflucht" getrieben. Die zahlreichen neuen Firmengründungen in den neuen Bundesländern lassen hoffen. Daß nicht alle Neugründungen überdauern, daß das Selbstentdeckungsverfahren auf dem Markt mit Versuch und mit Irrtum verbunden ist, ist systemimmanent und darf nicht irritieren.

☐ Schließlich fehlt in Ost und West 1991 eine charismatische Impulspersönlichkeit, die – wie einst *Ludwig Erhard* – durch Elan, Lauterkeit, Optimismus und tiefe Sachkenntnis zur Identifikationsfigur des Aufschwungs werden könnte.

## Primäre Aufgaben der Transformationspolitik

In bezug auf das Ziel, Marktwirtschaft einzuführen, liegt es nahe, zunächst die von *Eucken* aufgestellten konstitutiven Prinzipien einer Marktwirtschaft und die daraus resultierenden Aufgaben der Wirtschaftspolitik in den Blick zu nehmen. Beim Durchgehen dieser Prinzipien ist leider festzustellen, daß die deutsche Wirtschaftspolitik fast ausschließlich damit befaßt ist (und bis auf weiteres damit befaßt sein wird), konstitutive Voraussetzungen zu schaffen, daß aber wichtige regulative Maßnahmen auf Grund der Übergangssituation in den neuen Bundesländern keinesfalls außer acht gelassen werden dürfen. So ist zum Beispiel die Bewältigung der Massenarbeitslosigkeit in den neuen Bundesländern zur Kernfrage der Transformation geworden, aber eine im eigentlichen Sinne marktwirtschaftliche Beschäftigungspolitik würde funktionierende Arbeitsmärkte voraussetzen.

Als konstitutive Faktoren einer Marktwirtschaft gelten seit *Eucken* ein funktionierendes Preissystem, Stabilität des Geldwesens, offene Märkte, Privateigentum und private Haftung, Vertragsfreiheit sowie Konstanz der Wirtschaftspolitik.

Die Faktoren „Preissystem" und „Stabilität des Geldwesens" wirken seit der Währungsumstellung auf die Deutsche Mark im marktwirtschaftlichen Sinne. Mit der damit verbundenen De-facto-Aufwertung wurden freilich die Exportchancen der ostdeutschen Unternehmen verschlechtert und eine Beschäftigungsreduzierung auf das betriebswirtschaftlich vertretbare Volumen bewirkt.

Auch beim Faktor „offene Märkte" hat die Treuhandanstalt mit ihrem Privatisierungs- und Entflechtungskurs zweifellos den marktkonformen Weg beschritten, soweit es kartellrechtliche Perspektiven betrifft. Es ist gegenwärtig wohl nicht zu befürchten, daß die Treuhandanstalt zu einer langlebigen Superholding umfunktioniert wird.

Die Faktoren „Vertragsfreiheit" und „private Haftung" setzen eine funktionierende Rechtsordnung und Know-how voraus, das sich allerdings relativ schnell erlernen läßt. Um Verträge abzuschließen, ist letztlich aber auch Mut erforderlich. Durch Rechtsunsicherheit, -intransparenz und Bürokratismus, wie sie insbesondere rund um die Eigentumsfrage angesiedelt sind, werden jedoch signifikante Hemmschwellen für die Risikobereitschaft gesetzt. Der Mut, sich vertraglich zu binden, Verantwortung zu übernehmen und Haftung zu tragen, läßt sich zwar nicht politisch in Gang setzen, aber er läßt sich durch äußere Umstände und Rahmenbedingungen fördern oder hemmen.

Auch im Hinblick auf die „Konstanz der Wirtschaftspolitik" steht nicht alles zum besten. Der Transformationsprozeß begann mit extremer wirtschaftspolitischer Zurückhaltung, vielfach in passiver Erwartung eines „Wirtschaftswunders". Inzwischen wurde das „Gemeinschaftswerk Aufschwung Ost" mit einem Umfang gegründet, der beispielsweise den Sachverständigenrat zur Begutachtung der gesamtwirtschaftlichen Entwicklung vor überzogener Staatsaktivität warnen ließ. Jedem ist klar, daß dieses Programm auf Dauer nicht finanzierbar ist und neuen wirtschaftspolitischen Entscheidungen weichen muß.

Die eigentlichen Brennpunkte des Transformationsprozesses sind somit in drei Bereichen auszumachen:
☐ in der Überführung von Staatseigentum in privates Eigentum;
☐ in der Beschäftigungssituation, und hier vor allem in der aggressiven Lohnpolitik der Gewerkschaften in den neuen Bundesländern;
☐ im unverhältnismäßig hohen Finanzbedarf bis zur Take-off-Phase, und zwar im öffentlichen wie im privatwirtschaftlichen Bereich.

## 1. Privatisierung

Die Weichen für die Überführung von Staatseigentum in die Treuhandverwaltung wurden noch von der Regierung *Modrow* gestellt. Auf der Basis des Zweiten Treuhandgesetzes ist daraus die wohl größte staatliche Unternehmensholding aller Zeiten geworden. Das Ziel der Treuhandanstalt ist, sich baldmöglichst überflüssig zu machen. Sieht man nicht das Ungewisse der noch zurückzulegenden Wegstrecke, sondern das trotz aller konzeptionellen und praktischen Schwierigkeiten bisher Vollbrachte, so müßten wir eigentlich in Anerkennung des Geleisteten verstummen.

Die Kernaufgaben der Treuhandanstalt sind:

☐ möglichst umfassende und zügige Privatisierung und Entflechtung als Voraussetzung für das Entstehen wettbewerblicher und gesamtwirtschaftlich effizienter Strukturen;

☐ Vorrang der Privatisierung vor der Sanierung und – soweit irgend möglich – Privatisierung der Sanierung; bei nicht sanierungsfähigen Unternehmen unverzügliche Stillegung;

☐ Privatisierung im Wettbewerb und möglichst mit internationaler Auslobung;

☐ vollständige Privatisierung, kein „Dauerparken" von Anteilen bei der Treuhandanstalt, möglichst keine Gemeinschaftsunternehmen.

Bei der Erfüllung ihres Auftrags stand und steht die Treuhandanstalt vor einigen funktionalen Schwierigkeiten und Ambivalenzen:

☐ Bis zum Hemmnisbeseitigungsgesetz bestand Vorrang der Naturalrestitution gegenüber Entschädigung durch einen kaufwillige Investor. Manche Privatisierung wurde hierdurch vereitelt.

☐ Der Grundsatz, daß Privatisierung Priorität vor Sanierung haben soll, zwingt gelegentlich zu ökonomisch schwer verständlichen Entscheidungen.

☐ Immer wieder bricht der Diskurs auf, ob der via Treuhandanstalt gewählte Weg des Gesetzgebers zur Privatisierung der effizienteste und der gerechteste ist. Mit Alternativvorschlägen – Verteilung von Anteilscheinen an die Arbeitnehmer, Investivlöhnen und Umwandlung der Treuhandanstalt zur Dauerholding – werden die Grundsätze der Privatisierungspolitik laufend in Frage gestellt.

## 2. Beschäftigungspolitik

Auch wenn die Talsohle der Arbeitslosigkeit schon durchschritten sein sollte, ist noch nicht abzusehen, wann eine Normalisierung erreicht und ein nicht stützungsbedürftiger Arbeitsmarkt errichtet sein werden. Kurzarbeit, Beschäftigungs- und Qualifizierungsgesellschaften sind ja nichts weiter als notgedrungen ergriffene soziale Maßnahmen.

Eine nicht nur kurzfristige Phase größerer Arbeitslosigkeit ist dem Systemwandel immanent, denn die einst hohen Beschäftigungsziffern und das in der DDR-Verfassung garantierte Recht auf Arbeit wurden lediglich durch Arbeitsstreckung und damit durch Produktivitätsstreckung herbeigeführt. Um westliche Produktivitätsstandards zu erreichen, ist es unerläßlich, daß die „verdeckte Massenarbeitslosigkeit" aufgedeckt wird. Damit wird die Dimension der beschäftigungspolitischen Aufgabe aber erst sichtbar.

Konzeptionen zur Lösung dieser Frage sind noch nicht sichtbar. Vielmehr wird die Freisetzung von ostdeutschen Arbeitskräften gegenwärtig noch durch eine aggressive Lohnpolitik angeheizt. 1990 haben die Gewerkschaften in Ostdeutschland Lohnerhöhungen von rund zwanzig Prozent durchgesetzt, und im Metalltarifvertrag für die Tarifgrundlöhne bis zum Jahre 1994 ist die Anpassung an das westdeutsche Niveau vorgesehen. Bei der Währungsumstellung im Sommer 1990 lagen die Löhne bei etwa einem Drittel des westlichen Lohnniveaus. Nach *Gerlinde* und *Hans-Werner Sinn* entsprach das dem Produktivitätsniveau im Gebiet der ehemaligen DDR.

Eine der Hauptgefahren für den Aufschwung in Ostdeutschland liegt darin, daß die gebotene High-Tech-Investitionsstrategie durch eine High-Tech-Lohnpolitik seitens der Gewerkschaften antizipiert wird. Das wäre der sicherste Weg, den Anreiz für Investitionen aufzuheben. Während Frau *Breuel* mit dem Slogan „Go East" auf internationalen Veranstaltungen um Investoren wirbt, setzen die ostdeutschen Gewerkschaften und ihre westdeutschen Ratgeber mit ihrer aggressiven Lohnpolitik Warnsignale auf dem Weg nach Osten. Sie zwingen damit die cleveren Arbeitnehmer in den neuen Bundesländern – schon aus Existenzgründen – nach der Devise „Go West" zu handeln. Übrigens ist die von *Sinn* vorgeschlagene Lösung durch einen Sozialpakt und zwischenzeitlichen Lohnstillhalte-Abkommen nicht realisierbar, weil hierzu halbwegs gleichgewichtige Partner gehören. Die Arbeitgeber in den neuen Bundesländern stellen einen solchen Partner noch nicht dar.

## 3. Begrenzung der öffentlichen Verschuldung

Allein die Größenordnung der für 1991 zur Verfügung gestellten öffentlichen Mittel, 113 Milliarden DM, demonstriert die Tragweite der Finanzierungsfrage. Aus ihr erwachsen aber die noch viel komplizierteren Fragen nach der Mittelbeschaffung und dem Procedere eines etwaigen Mittelrückflusses.

Diese Fragen wurden bisher noch nicht aufgeworfen, geschweige denn systematisch entwickelt. Die Diskussion hat lediglich zu ordnungsrelevanten Nebenergebnissen geführt, beispielsweise zur Überzeugung, daß die Subventionen durchforstet werden müssen.

Ordnungspolitisch ungleich relevanter wäre indessen die Frage, was mit öffentlichen Mitteln eigentlich finanziert werden muß und was privater Initiative vorbehalten bleiben soll. Aber auch hierbei zeichnen sich Kuriositäten ab: Während diskutiert wird, ob öffentliche Infrastrukturmaßnahmen – der Bau von Autobahnen, die Errichtung der Telecom-Netze, die Durchführung öffentlicher Bauvorhaben etc. – durch Privatinitiative kostengünstiger und schneller in Gang kommen könnten, erreichen die in der Loseblatt-Sammlung „Marktführer Deutschland-Ost"[2] aufgeführten öffentlichen Finanzierungshilfen für Privatunternehmen schon in der Kurzdarstellung 71 Seiten. Hierbei handelt es sich keineswegs bloß um einen Schönheitsfehler im Ordnungsdenken, vielmehr haben Investitionssubventionen indirekt die gleiche Wirkung wie Lohnsubventionen: Sie provozieren Lohnforderungen und schaffen auf westliche Art Schein-Arbeitsplätze.

## Gesellschaftliche Nebenbedingungen des ökonomischen Transformationsprozesses

Der ökonomisch so überaus wichtige Wandel von der Planwirtschaft zur Marktwirtschaft ist lediglich als Teilprozeß des viel weiter reichenden politischen und gesellschaftlichen Integrationsprozesses zu begreifen. Es geht um das Zusammenwachsen Deutschlands zu einer demokratischen Einheit, und zwar zu einer kulturellen Einheit: um das Sich-Finden von Ost und West in einer gemeinsamen Identität.

Obwohl dieses Ziel entschieden über die Ökonomie hinausgeht, wird das Gelingen davon abhängen, ob dem ökonomischen Transformationsprozeß Erfolg beschieden ist, nicht nur, weil die Wirtschaft keinen gesellschaftsneutralen Raum darstellt, sondern auch, weil jede Mark, die für die Gesellschaft zur Verfügung steht, erwirtschaftet werden muß und sich ein partnerschaftliches Selbst-

---

2 *M. Baumann* (Hg.), Marktführer Deutschland-Ost, Bad Kissingen 1991.

| Typische kognitive Attitüden ||
|---|---|
| **Sozialistische Planwirtschaft** | **Marktwirtschaft** |
| Dominanz gemeinschaftsbezogener Einstellungen | Individuales Selbstwertstreben, Eigeninitiative |
| Gleichheit, Sicherheit | Freiheit, Risikofreude |
| Geschlossenes Systemdenken Leitaxiom: Plan | Offenes Systemdenken Leitaxiom: Markt |
| Tendenz zur Politisierung aller Lebensbezüge | Tendenz zur Ökonomisierung aller Lebensbezüge |
| Signifikanter Bestandteil des Leistungsdenkens: ||
| Gesinnung | Materieller/ideeller Vorteil |
| Überlebensstrategie: ||
| Anpassung | Leistung und Flexibilität |
| Wissenschaftliches Apriori: ||
| Dialektisches Entwicklungsdenken | Politisches Ordnungsdenken |

bewußtsein im Osten nur entwickeln kann, wenn sich die Gewichte zwischen Ost und West austarieren. In diesem Sinne erhält Ökonomie gerade heute, ähnlich wie 1948 im Westen, die genuine Bedeutung zurück, die ihr *Adam Smith* zugewiesen hat: Politische Ökonomie zu sein.

Üblich gewordene Denunziationen des gemeinsamen Aufbaustrebens als „Vereinnahmung des Ostens durch den Westen" und Schlagworte wie: „westdeutscher Kolonialismus", „Das Vaterland wird Mutterland" oder „deutsches Großmachtstreben" brauchen uns nicht zu verunsichern. Sie beleuchten aber, daß manche – im Westen die um ihren Salonsozialismus betrogenen Linksintellektuellen, im Osten die von der Wende Enttäuschten und aus der Bahn Geworfenen – nur auf Rückschläge im Vereinigungsprozeß warten, um daraus demagogisches Kapital zu schlagen.

Politiker betonen immer wieder die moralische Komponente des Transformations- und Integrationsprozesses. Sie tun das zu Recht. Doch um einander zu verstehen und aufeinander zugehen zu können, ist mehr nötig als ein Appell. Es geht darum, sich zunächst die völlig anders gerichteten Denk- und Wahrnehmungsmuster in Plan- und Marktwirtschaft zu vergegenwärtigen. Die auf Seite 115 abgedruckte Gegenüberstellung typischer kognitiver Attitüden mag dabei helfen. Viele der aufgeführten Attitüden könnten, weil durch Lernen und Sozialisation entstanden, durch ebensolche Prozesse, also durch Erfahrung abgebaut werden. Allerdings braucht das seine Zeit, und als Quelle kontraproduktiver Mißverständnisse und Bremswirkungen sind die derzeitig so stark voneinander abweichenden Attitüden nicht zu unterschätzen.

## Herausforderungen für die Soziale Marktwirtschaft

Die ehemalige DDR war, die Bundesrepublik Deutschland ist noch immer verwöhnt durch ein soziales Netz, dessen Maschen trotz mancher bescheidenen Innovationsversuche eng und für Staat und Unternehmen teuer sind. In der alten Bundesrepublik sind diese sozialen Errungenschaften schon sehr früh mit „Sozialer Marktwirtschaft" verwechselt worden. *Horst Friedrich Wünsche* hat *Erhards* unmißverständliche Auffassung in dieser Frage präzise herausgearbeitet. Es geht *Ludwig Erhard* nicht um die Addition einer freiheitlichen Wirtschafts- und einer kollektiven Sozialpolitik als einem mehr oder weniger versteckten Umverteilungsmechanismus, sondern um eine Synthese, die darin besteht, daß die wirtschaftlichen Rahmenbedingungen den einzelnen befähigen, aus eigener Kraft für seine Wohlfahrt zu sorgen[3]. Dabei setzt *Ludwig Erhard*, ähnlich wie *Adam Smith* 200 Jahre vor ihm, beim einzelnen ethische Verantwortung für das gemeinsame Ganze voraus[4].

In diesem Sinne handelt auch ein Unternehmer, der das Wagnis eingeht, in den neuen Bundesländern aktiv zu werden, durchaus im Geiste der Sozialen Marktwirtschaft. Das mag in einigen Jahren, wenn die Gewinnchancen viel evidenter sein werden, nicht mehr so ohne weiteres gelten. In diesem Sinne wäre es zu begrüßen, wenn unter dem Druck der leeren Kassen in den öffentlichen Haushalten viele Maschen des etablierten sozialen Netzes aufgerebelt werden müßten und mehr Staatsaufgaben an privates Unternehmertum delegiert würden. Auch die alte Bundesrepublik hat ihre spezifischen Altlasten.

Die wichtigsten Faktoren einer Sozialen Marktwirtschaft sind

---

3 Vgl. *Horst Friedrich Wünsche*, Welcher Marktwirtschaft gebührt das Beiwort „sozial"? In: Ludwig-Erhard-Stiftung (Hg.), Grundtexte zur Sozialen Marktwirtschaft, Band 2: Das Soziale in der Sozialen Marktwirtschaft, Stuttgart 1989.
4 Vgl. *Horst Friedrich Wünsche*, Die immanente Sozialorientierung in Adam Smiths Ordnungsdenken – Ein Paradigma für die Soziale Marktwirtschaft. In: *Arnold Meyer-Faje/Peter Ulrich* (Hg.), Der andere Adam Smith. Beiträge zur Neubestimmung von Ökonomie als Politischer Ökonomie, Bern/Stuttgart 1991.

Handlungsfreiheit und Würde jedes einzelnen. Nur wo die Menschenwürde unverschuldet durch ökonomische Umstände gefährdet ist, hat der Staat laut *Adam Smith* die Pflicht, der unsichtbaren Hand nachzuhelfen. Daß wir trotz mancher Fehleinschätzungen des Transformations- und Integrationsprozesses und trotz nicht ausbleibender Irrtümer prinzipiell auf dem richtigen Wege in die Zukunft sind, dürfen wir guten Mutes hoffen. Die gegenwärtigen Schwierigkeiten in der Anlaufphase einer Sozialen Marktwirtschaft in den neuen Bundesländern sind überwindbar, und zwar dank des natürlichen Strebens der einzelnen Mitbürger. Seit *Adam Smith* hat sich immer wieder die Erfahrung bestätigt: „Das natürliche Streben eines Menschen, seine Lebensbedingungen zu verbessern, ist, wird dafür gesorgt, daß es sich in Freiheit und Sicherheit durchsetzen kann, eine so gewaltige Antriebskraft, daß sie allein und ohne jede Hilfe imstande ist, nicht nur ein Land zu Wohlfahrt und Blüte zu bringen, sondern auch hundert unsinnige Hindernisse zu überwinden, mit denen sich die Menschen in ihrer Torheit durch Gesetze nur allzu oft hemmen"[5].  □

---

5 *Adam Smith*, Der Wohlstand der Nationen, *Recktenwald*-Ausgabe, München 1978, Seite 452.

# Autorenverzeichnis

*Brahms, Hero*
Vizepräsident der Treuhandanstalt in Berlin.

*Meyer-Faje, Prof. Dr. Arnold*
Hochschule Bremerhaven. Prof. Meyer-Faje lehrt managementorientierte Betriebswirtschaft sowie Organisations- und Führungstechniken.

*Nötzold, Prof. Dr. sc. oec. Günter*
Vorsitzender des Zentrums für Internationale Wirtschaftsbeziehungen an der Universität Leipzig. Prof. Nötzold leitet die Forschungsgruppe „Transformationstheorie".

*Prosi, Prof. Dr. Gerhard*
Direktor des Instituts für Wirtschaftspolitik der Christian-Albrechts-Universität zu Kiel. Seine Forschungsschwerpunkte sind Wettbewerbs- und Ordnungspolitik.

*Schlecht, Prof. Dr. Otto*
Staatssekretär im Bundesministerium für Wirtschaft von 1973 bis 1991; Vorsitzender der Ludwig-Erhard-Stiftung in Bonn.

*Tenbruck, Prof. Dr. Friedrich*
Emeritus am Soziologischen Seminar der Eberhard-Karls-Universität Tübingen.

# Personenregister

Baumann, Michael  114
Biedenkopf, Kurt H.  64
Böhm, Franz  31
Brahms, Hero  87 ff., 119
Brandt, Willy  23
Breuel, Birgit  63, 99, 113
Engels, Wolfram  79 f.
Erhard, Ludwig  12, 31, 47, 51, 60, 78, 101, 105, 108, 117
Eucken, Walter  12, 31, 105, 109
Hayek, Friedrich August von  105
Honecker, Erich  80
Leysen, André  70
Marx, Karl  51
Merkel, Angela  92
Meyer-Faje, Arnold  103 ff., 119
Modrow, Hans  111
Müller-Armack, Alfred  12, 106
Nötzold, Günter  73 ff., 119
Pareto, Vilfredo  75
Prosi, Gerhard  29 ff., 37, 119
Röpke, Wilhelm  12, 105
Schiller, Karl  61
Schlecht, Otto  49 ff., 119
Schmidt, Helmut  24
Schumpeter, Joseph Alois  78, 90
Siebert, Horst  33
Sinn, Gerlinde/Hans-Werner  112 f.
Smith, Adam  106, 116 ff.

Stolpe, Manfred 58, 63
Tenbruck, Friedrich 7 ff., 119
Wünsche, Horst Friedrich 117

# Sachregister

Arbeitslosigkeit  44f., 57, 76f., 95f.
Arbeitsmarkt  61, 66f., 100, 112f.
Außenpolitik  25ff., 68
Demokratie  21f.
Dirigismus  59ff.
Eigentum  35f., 81f., 110
Entfremdung  18, 21, 94
Gemeinschaftswerk „Aufschwung Ost"  56f., 61f., 110
– Vergleich mit 1948  55f., 105ff.
Interdependenz der Ordnungen  31ff., 114, 116
Investitionsförderung  41, 56f., 60ff.
Investitionshemmnisse  35f., 39f., 42, 46, 64, 113
Kapitalbildung  32ff., 37f., 108
Konjunkturentwicklung  58, 93ff.
Konstituierende Prinzipien  52, 109f.
Kultur  17f., 20f., 114
Leistungsfreude  90, 94f., 101
Orientierungskrise  10, 16, 92f.
Privatinitiative  90, 94f., 101, 117
Privatisierung  34, 37, 59f., 65, 96ff., 109, 111f.
Sanierung  59f., 83, 98ff., 111
Soziale Errungenschaften der DDR  46f.
Soziale Marktwirtschaft  11f., 20, 47, 51ff., 56, 59ff., 63, 116
– Freie Marktwirtschaft  106f., 109f., 114ff.
– Ordnungsrahmen  51ff., 68
Sozialistische Planwirtschaft  15, 31, 54f., 91, 106f., 114ff.
Sozialpolitik  75, 117
Staatsverschuldung  38, 65f., 113

Strukturwandel 63f., 95f.
Systemwechsel 12ff.
Tarifpolitik 43ff., 67f., 110, 112f.
Transformationsprozeß 31, 80ff., 84, 106, 109f., 114ff.
Treuhandanstalt 35, 58f., 83, 96ff., 111f.
Währungsunion 56

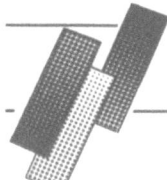

# Ludwig-Erhard-Stiftung

Herausgegeben von der Ludwig-Erhard-Stiftung e.V.,
Bonn
Redaktion: Dr. H. F. Wünsche, H. Pick und
Dr. V. Laitenberger, Bonn

**Die Koreakrise als ordnungspolitische Herausforderung der deutschen Wirtschaftspolitik**
1986. X, 477 S., kt. DM 68,–

**Entwicklungspolitik im Spannungsfeld von Solidarität und Eigeninteresse**
1986. VI, 155 S., kt. DM 28,–

**Jugend und Soziale Marktwirtschaft**
1986. VI, 114 S., kt. DM 18,–

**Kontinuität und Wandel in vier Jahrzehnten deutscher Wirtschaftspolitik**
1986. VI, 111 S., kt. DM 18,–

**Steuerpolitik für die Soziale Marktwirtschaft**
1986. VI, 85 S., kt. DM 16,–

**Vermögenspolitik in der Sozialen Marktwirtschaft**
1987. VI, 110 S., kt. DM 18,–

**Die Ethik in der Sozialen Marktwirtschaft**
Thesen und Anfragen
1988. VI, 138 S., kt. DM 22,–

**Die deutschen Gewerkschaften in der modernen Wirtschaftsgesellschaft**
1989. VI, 136 S., 12 Tab., kt. DM 24,–

**Markt, Staat, Stiftungen**
1989. VI, 79 S., kt. DM 18,–

**Geld- und Währungspolitik**
Stabilität nach innen und außen
1989. VI, 88 S., kt. DM 20,–

**Soziale Marktwirtschaft und Parlamentarische Demokratie**
1990. VI, 102 S., kt. DM 22,–

**Arbeit und Freizeit**
Perspektiven der Sozialen Marktwirtschaft
1990. VI, 89 S., kt. DM 20,–

Preisänderungen vorbehalten

# Literatur zum Thema

**ORDO**
Jahrbuch für die Ordnung von Wirtschaft und Gesellschaft
**Band 42**
1991. XVI, 411 S., kt. DM 124,–
**Inhalt:** Persönliche Erinnerungen an Freiburg während der Kriegszeit · Walter Euckens Briefe an Alexander Rüstow · Der Vergleich von Wirtschafts- und Gesellschaftssystemen · Die Versorgung mit Kollektivgütern als ordnungspolitisches Problem · Sozialpolitik und Wettbewerbsordnung · Wo steht die deutschsprachige Wirtschaftstheorie heute? · Möglichkeiten für eine europäische Verfassung: Eine amerikanische Sicht · Towards a Europe of Free Societies: Evolutionary Competition or Constructivistic Design · German Economic Integration in an European Perspective · Deutschlands Weg zur Marktwirtschaft · Arbeitskosten und Strukturwandel in Ostdeutschland · Eigentum und Kapitalwirtschaft in der Ordnungspolitik · Privatisierung als wettbewerbspolitische Aufgabe · Zur Konditionspreizung der Lieferanten des Lebensmitteleinzelhandels · Copyrights: A und O in Literatur und Musik? · Evolutionäre Wettbewerbsprozesse über mehrere Wirtschaftsstufen

**Band 41**
1990. XIV, 330 S., kt. DM 98,–

Leipold
**Wirtschafts- und Gesellschaftssysteme im Vergleich**
Grundzüge einer Theorie der Wirtschaft
5. Aufl. 1988. XII, 300 S., 19 Abb., 3 Tab., kt. DM 24,80 **(UTB 481)**

Altmann
**Wirtschaftspolitik**
Eine praxisorientierte Einführung
4. Aufl. 1991. XVI, 267 S., 131 Abb., kt. DM 22,80 **(UTB 1317)**

Harbrecht
**Die Europäische Gemeinschaft**
2. Aufl. 1984. XII, 279 S., 2 Abb., 3 Tab., kt. DM 19,80 **(UTB 746)**

Herrmann-Pillath
**China – Kultur und Wirtschaftsordnung**
Eine system- und evolutionstheoretische Untersuchung
1990. X, 410 S., 11 Abb., kt. DM 44,–

Preisänderungen vorbehalten

www.ingramcontent.com/pod-product-compliance
Ingram Content Group UK Ltd.
Pitfield, Milton Keynes, MK11 3LW, UK
UKHW041450180426
11946UKWH00002B/27

9 783828 253476